现代家庭教育理论与实践探究

◎ 魏海安　靳利翠　著

中国纺织出版社有限公司

内 容 提 要

本书主要从理论和实践两部分对现代家庭教育展开探究。理论部分主要介绍了现代家庭教育的内涵、特点、功能、历史沿革、发展现状，重点介绍了现代家庭教育的理念、原则和基本方法，为全书奠定了理论基础。实践部分主要介绍了不同人生时期的家庭教育策略、不同类型家庭的家庭教育问题，探讨了现代家庭教育的新泛型——学习型家庭的构建方法。本书将现代家庭教育与经济社会的发展有机融合，适合家庭教育学、社会学、社会政策学等专业的教学与研究人员学习参考，对家庭成员推进家庭学习及个人能力发展具有一定的指导意义。

图书在版编目（CIP）数据

现代家庭教育理论与实践探究 / 魏海安，靳利翠著. -- 北京：中国纺织出版社有限公司，2022.4
ISBN 978-7-5180-9549-0

Ⅰ. ①现… Ⅱ. ①魏… ②靳… Ⅲ. ①家庭教育一研究 Ⅳ. ①G78

中国版本图书馆 CIP 数据核字（2022）第 086485 号

责任编辑：王 慧　　责任校对：高 涵　　责任印制：储志伟

中国纺织出版社有限公司出版发行
地址：北京市朝阳区百子湾东里 A407 号楼　邮政编码：100124
销售电话：010—67004422　传真：010—87155801
http://www.c-textilep.com
中国纺织出版社天猫旗舰店
官方微博 http://weibo.com/2119887771
三河市宏盛印务有限公司印刷　各地新华书店经销
2022 年 4 月第 1 版第 1 次印刷
开本：787×1092　1/16　印张：12
字数：184 千字　定价：88.00 元

前 言

家庭是人生的第一驿站，是一个人成长的摇篮。家庭给孩子的人生道路涂上第一抹色彩，许多事业上卓有成就的人物在幼年时几乎都受到过良好的家庭环境的影响，著名作家老舍曾深切地感谢母亲给了他“生命的教育”，诺贝尔奖获得者杨振宁也说过：“我的学术知识来自父亲，精神气质来自母亲。”古往今来，家长对孩子最殷切的期许莫过于“望子成龙”，家长力图为孩子的未来发展打下一个良好而坚实的基础，家庭教育因此突显出尤为重要的作用。

在我国，自古以来就有重视家庭教育的传统。家庭教育是家长或者其他监护人为促进孩子全面健康成长，对其实施的道德品质、身体素质、生活技能、文化修养、行为习惯等方面的培育、引导和影响。家庭教育不仅关系着孩子的健康、安全和心理的发展，而且关系着国家和社会的稳定与发展。中国古代社会“家国同构”的超稳定形态，使家庭教育也表现出相对稳定的特性。但在当代中国社会，随着我国社会转型的加剧和现代化发展的提速，家庭的结构与功能正发生着巨大转变，而家庭教育也随之发生深刻变化。面对社会变迁、家庭变革、教育改革的大背景，家庭教育发展将何去何从？为了厘清当代家庭教育变迁的轨迹、特点与规律，为现代家庭教育的理论与实践研究贡献一分力量，笔者特撰写了《现代家庭教育理论与实践探究》一书。

本书共分为六章。第一章至第三章是理论部分，主要介绍了现代家庭教育概述，我国家庭教育的历史沿革、发展现状与发展趋势，以及现代家庭教育的科学理念，为后文的论述奠定了基础。第四章至第六章是实践部分，主要介绍了不同人生时期的家庭教育策略、不同代际和特殊类型家庭的家庭教育策略，以及现代家庭教育的新泛型——学习型家庭及其构建。

本书由魏海安、靳利翠共同撰写完成，具体分工如下：魏海安负责第一章、第四章、第五章、第六章内容的撰写和全书的统稿工作，靳利翠负责第二章、第三章内容的撰写工作。

本书理论联系实践，内容丰富易懂，逻辑性强。但由于笔者时间和水平有限，本书中仍存在一些不足之处，恳请广大读者批评指正，笔者定当尽力完善。

魏海安
2022年2月

目录

第一章　现代家庭教育概述

家庭教育和学校教育、社会教育一样，是一种基本的教育形态，是整个教育体系的重要组成部分。近年来，随着社会的发展，出现了一系列的社会问题，家庭教育越来越受到人们的重视。

第一节　现代家庭教育的含义

家庭是进行家庭教育的实体，是一种特殊的社会组织形式，是以婚姻为基础、以血缘为纽带而形成的社会生活的基本单位，是社会中最小的细胞。家庭具有教育功能，它是儿童初步掌握母语，养成一定的生活习惯，自然接受亲情之爱，从而奠定人格和个体社会化基础的最初场所。

家庭教育的概念在家庭教育理论的各种基本概念中，是最为基本的概念。在“家庭教育是什么”这个问题上“失之毫厘”，将会对家庭教育实践造成“谬以千里”的后果。对家庭教育的概念的研究，无论是对家庭教育理论体系的建构，还是对家庭教育实践运用方向和运行轨迹的引导和规范，都有着极其重要的影响。

近年来，我国教育理论工作者对家庭教育的概念做了许多有益的探讨，其中两个人的见解最有代表性。一是北京师范大学教科所研究员赵忠心先生，他认为家庭教育有广义和狭义之分。狭义的家庭教育即由家庭里的长者（主要是父母）对其子女及其他年幼者实施的教育和影响；广义的家庭教育指家庭成员之间相互实施的一种教育。二是华东师范大学教育系教授陈桂生先生，他把家庭教育做了“应然状态”和“实然状态”之分。家庭教育的“实然状态”是指家庭作为人降生后第一归属的社会群体，使未成年人初步掌握母语，形成生活习惯，自然地接受爱与主动地爱，从而奠定人格与个体社会化的初步基础。家庭教育的“应然状态”是指人们所期望的状态，是个体价值取向的一种具体反映。在不同历史时期、不同的家庭中，这种价值观会随各种条件的变化而变化。尽管两者研究的视角不同，但从不同侧面揭示了家庭教育的实质。

综上所述，广义的家庭教育是指在人类社会家庭生活中，家庭构成人员之间所实施的一种教育和影响的活动。狭义的家庭教育是指在家庭生活中主要由家长对孩子所实施的一种教育和影响的活动。其重点是对儿童、青少年所实施的教育和影响的活动。

第二节　现代家庭教育的性质与特点

一、现代家庭教育的性质

现代家庭教育的性质，是指现代家庭教育区别于其他教育的根本属性。

（一）家庭教育是一种私人教育

从教育者和受教育者之间的关系来看，教育大体分为两大类：一类是公共教育，另一类是私人教育。教育者和受教育者之间，仅仅是教育和受教育、教与学的关系，不存在血缘和隶属关系；进行这种教育不是为了满足教育者个人的切身利益要求，也不是按照教育者个人的主观意志去实施，这种教育就是公共教育。例如，当代的学校教育和社会教育。

而家庭教育则是在父母与孩子之间、家庭的年长者与年幼者之间进行的一种教育，教育者和受教育者之间不仅仅是一种教育与受教育、教与学的关系，而首先是具有血缘关系和隶属关系，进行这种教育是为了满足教育者个人的愿望和利益要求，如何进行教育、进行什么内容的教育和最终要把受教育者培养成什么样的人，主要取决于教育者个人的意志。所以说，家庭教育是一种私人教育。

家庭从产生到现在，经历了血缘家庭、对偶家庭和一夫一妻制个体家庭三种形态家庭演变的过程。血缘家庭和对偶家庭是公共家庭，夫妻关系不稳定，孩子“只知其母，不知其父”；由于生产力发展水平低下，父母不能独立抚养和教育自己的孩子，只能由大家庭的老年人共同抚养，实行公共教育。在一夫一妻制个体家庭出现以后，孩子才能确认生身父母，父母也才能确认自己的孩子。父母亲自抚养、教育自己的孩子，其目的是使孩子能继承自己的家产和家业；对孩子实施什么样的教育，最后把孩子培养成什么样的人，都取决于父母的意志。可以说到了这时，家庭教育才由公共教育转变为私人教育。

我们说，家庭教育是私人教育，并不是说家庭教育孤立于社会之外，与社会生活相隔绝。恰恰相反，家庭是社会的细胞，是社会的缩影，社会政治、经济的变革肯定要通过种种渠道渗透到家庭生活中来，影响家庭教育的实施。任何社会、任何时代的家庭教育都带有那个社会和那个时代的鲜明烙印，反映当时的社会生活，适应时代的需要。我们之所以强调家庭教育是私人教育，主要是说社会和他人不能对家庭教育进行直接的行政的干预，只能采取多种方式进行宣传、渗透和引导施加影响，使之适应社会的需要。

（二）家庭教育是非正规教育

从教育过程实施的组织形式来看，教育大体可以分为正规教育和非正规教育两大类。

所谓正规教育，是有组织、有领导、有计划、有目的、有系统地实施的教育。正规教育一般有受过专门训练、具有一定专业知识和教育能力，经考核合格，由国家或教育行政部门任命或聘任的专职教育工作者；有相对稳定的、按一定年龄和文化知识水平组织起来的教育对象；有按照国家意志制定的教育教学大纲、教育教学计划和相对稳定的教育教学内容与教材；有一定的教育教学组织形式；教育教学工作有系统、有秩序、有要求、有检查、有考核、有评估、有明确的培养目标。例如，各级各类学校教育便是正规教育。

家庭教育是一种非正规教育。它虽然有一定的目的，但不是有组织、有领导、有严密计划的教育。家庭教育中的教育者，一般都没有经过教育方面的专门训练，也不具备专门的教育知识和能力；教育者资格的取得，不用进行考核，也不需由谁任用；教育内容没有统一的要求，没有带有法律性质的教育教学大纲、计划、内容和教材；究竟进行什么内容的教育和训练，如何进行教育和训练，要把孩子培养造就成什么样的人，主要取决于家长的意志，只要不违背国家法律，社会和他人无权进行直接的干预；进行教育和训练，没有固定的模式、时间和地点，一般都是在家庭的日常生活中，随时随地实施的，并且往往是家长认为应该怎样进行教育和训练，就怎样进行教育和训练，模式、时间、地点、场合都由家长自主选定。

我们强调家庭教育是非正规教育，主要是说明家庭教育和家庭日常生活关系密切，是寓教育于家庭日常生活之中的。实施家庭教育不能脱离家庭日常生活，不要照搬正规化教育的模式，要防止“家庭教育学校化”。作为非正规教育，家庭教育有其特有的优势，诸如教育训练内容丰富多样，教育方式方法和模式灵活机动，教育训练和实践密切结合，教育活动形象生动等，家长应注意发挥这些优势。

说家庭教育是非正规教育，并不是说它不重要，可有可无。恰恰相反，非正规教育独具的优势往往是正规教育的补充。两种性质的教育相互配合，优势互补，才能培养造就具有完善人格的人才。

（三）家庭教育是终身教育

从教育过程连续实施的时间长短来说，教育可以分为阶段教育和终身教育。系统的学校教育虽然要连续实施相当长的时间，但人们接受学校教育只是人生整个历程中的一个阶段。至于各个等级的学校教育，实施的时间更为短暂。就连人们常说的继续教育或终身教育，作为正规教育，也只是断断续续地接受。

家庭教育则与此不同。人们自呱呱落地，甚至在未出生时就开始接受家庭教育（胎教）。从出生到入学之前，孩子主要的生活场所是家庭，每天都和家长生活在一起，主要接受的是家庭教育。入学以后，每天仍有大约三分之二的时间生活在家庭里，在家长身边活动，接受着父母或其他长辈的影响和教育。离开学校进入社会生活，家长的教育仍继续进行，只是教育的侧重点与以前有所不同罢了。在学龄前和学龄期，家长对孩子进行的教育，多是行为规范、智力开发、文化学习、思想品德和身体保健等方面的，而在孩子成年之后，则是为人处世、就业选择、工作态度、恋爱、婚姻，以及成家、夫妻关系、养育孩子等方面的。在国外某些国家，当孩子年满18岁以后，家长就不再承担抚养的责任，但教育的责任并没有完全放弃，只是在教育的侧重点与方式方法上有所变化。在我国，家长对孩子的教育，是典型的终身教育，即便是孩子已到壮年，以至于老年，都继续负责，一直延续到自己离开人世。像家长临终前留下的遗嘱，对孩子来说也是家庭教育，教育作用延续的时间还相当长。

我们强调家庭教育是终身教育，目的是做晚辈的应尊重并注意接受父母和长辈的教育；做父母或长辈的，要切实负起教育子女或晚辈的责任，不能借故推卸。当然，就整个家庭教育过程来说，也是有重点的。家庭教育的重点阶段是从孩子出生一直到成年，即身心发展未成熟以前，称为“未成年”阶段。

（四）家庭教育是教与养一体的教育

家庭是一个复杂的社会团体，具有多样化的功能和价值。教育是它的职能，但并不是唯一的职能，家庭还担负着抚养和赡养等责任。抚养是家长或其他长辈对晚辈的抚育培养，赡养则是晚辈对长辈的供养和照顾。这种功能是家庭代际关系中一种双向的义务和责任。在这里，我们主要考察家长对孩子的抚养这一功能。人类个体的成熟和发展需要经历一个长期的历程。在发展早期，个体没有独立生存的能力，必须依赖家长的抚养和照顾。与此同时，在生理上、感情上也需要家长的精心呵护。当孩子尚未获得独立生活能力的时候，家长负有抚养他们的责任，提供其健康成长所需要的住所、食物以及情感的慰藉等，否则他们就无法生存，人类也就不能延续。这是家庭教育的一项重要职能。正因如此，家庭教育是在家长对孩子的抚养过程中实现的，并贯穿于整个抚养过程的始终。可以说，家庭教育是一种寓教于养、教养结合的教育形式。这也是家庭教育区别于学校教育和社会教育的一个鲜明的属性。

二、现代家庭教育的特点

家庭教育作为一种教育形式，与社会教育、学校教育共同发挥着教育作用。但是由于家庭与社会、学校的性质和结构不同，家庭教育又有别于学校教育和社会教育的典型特点。这正是家庭教育、社会教育、学校教育三种教育形态既相互依存又相对独立关系的体现。家庭教育对孩子的影响不仅广泛，而且深远。家庭教育不只是有目的、有意识的影响，更多的是无意识的、潜移默化的影响。

（一）现代家庭教育的启蒙性和权威性

家庭是社会的基本细胞，是一个人成长的摇篮。家长是孩子的第一任老师，是孩子启蒙教育的引路人。幼儿自一出生就受到家庭成员、家庭环境、家庭文化氛围的熏陶和影响，幼儿对外部世界的认识和理解，性格、态度、品德的形成，行为习惯的养成以及智力潜能的开发都是以家庭教育为起点的。而且家庭教育对幼儿成长和发展的影响具有长效性和稳固性，即便是长大成人后，他的一些言行或处事风格等还会表现出家庭教育的印记。在孩子整个人生成长历程中，家庭教育无疑是最具启蒙性和基础性的，这一点是其他教育所无法比拟的，如学校教育只是在家庭教育的起点上进一步延续和深化，而广泛多样的社会教育也是在此基础上的扩大和补充。

权威是以意志服从为核心的社会关系表征。家庭教育的权威性是指父母或长辈在对孩子进行教育时所表现出来的权威和威信。家长是家庭生活的领导者和组织者，是家庭生活的支柱，是孩子生存和生活的依靠，孩子在身心方面的各种需求的满足都不得不依赖于家长。与此同时，家长经历长时期的社会生活实践磨炼，具有较深的阅历和丰富的处理家庭内外事务的经验，这些使家长在孩子心中拥有至高无上的地位。他们十分敬重家长，乐于获得家长的表扬，能自觉服从家长的管教，这就决定了家长在孩子心目中享有崇高的威望和威信。然而，家庭教育权威性的长久维持需要家长时时处处以身作则，严格要求自己，为孩子树立学习的榜样，同时要关心、呵护和理解孩子，进而形成孩子对家长的信赖和依恋。即家长必须严于律己，以身作则，方能树立起权威，从而更好地对孩子进行教育。家长权威是家庭教育获得成效的重要前提，换言之家庭教育的成效很大程度上取决于家长权威树立的水平和程度。但是家长必须树立科学与合理的权威，这样的权威是建立在尊重孩子独立人格基础上的，而绝不是建立在“封建家长制”上的。明智的家长懂得树立权威的重要性及权威的家族取向，懂得权威的树立不是靠压制、强求、主观臆断，而是采用刚柔并济的方法。[1]

（二）现代家庭教育的继承性和深刻性

家庭教育尽管在理念上与社会的整体教育思想和理念有所呼应，但在实践中，家庭教育往往是在一种随机和模糊的状态下进行的。它没有社会教育和学校教育那样明了清晰，而且每个家庭都有自己的教育风格，这些教育风格形成了每一个家庭教育的特色和传统，并逐渐内化为家族成员的精神追求和行为处事标准，并被世世代代传承下来。简单而言，人们在家庭中受祖辈影响而成人，也常常用同样的教育内容和方法去教育自己的后代，这就是家庭教育的继承性。家庭教育的继承性突出

[1] 王海燕．学前教育学［M］．北京：中国轻工业出版社，2017：123.

表现在“家风”上。所谓家风，是指一个家庭在世代繁衍过程中，逐步形成的较为稳定的生活作风、生活方式、传统习惯、家庭道德规范，以及待人接物、为人处世之道等，其核心内容是指一个家庭的思想意识方面的传统。如何将真善美的家风传给下一代是家庭教育的一项重要内容，家长总是在潜移默化中运用家风对孩子进行影响和教育。居于下一代家庭核心的当家夫妇，成家之前，对本家家风早已耳濡目染，甚至还或多或少地运用其指导过自己的行为。成家之后，夫妇双方可就各自的家风进行分析比较，取长补短，融会贯通。我们应该重视家庭教育的继承性，利用好、传承好、改造好我们的家风。一方面，充分发挥家风在孩子教育中的独特优势，促进孩子的健康成长；另一方面，通过家庭教育使良好的家风一代代传递给后代，使后代人得以继承和发扬光大。

另外，家庭是孩子接触、观察、获取知识的第一环境。在这一环境中所接受的教育和影响，先入为主，为孩子之后接受其他影响有了一种“准备状态”，奠定了一生受教育的基础。即使在他们完全具备了独立性和能动性以后，家庭仍发挥着过滤器的功能。其他教育形式施加给孩子的各种影响，都是孩子以早期在家庭中获得的知识作为参照物，经过比较选择而吸收的，即使当孩子走出家庭，独立生活，不再把双亲作为唯一影响源时，家庭教育的影响仍在许多方面左右着他接受整个社会文化的影响。因此，现代家庭教育具有深刻性。

（三）现代家庭教育的广泛性与情感性

现代家庭教育在范围上具有广泛性。首先，体现在广泛的群众性上。在现代社会，每个人都出生在一定的家庭、生活在一定的家庭里。凡是有家庭的地方，就有家庭教育的存在。有多少个家庭，就有多少个家庭教育场所；有多少个家长，就有多少个教育者。家庭教育这种极为广泛的群众性，是任何教育形式都无法比拟的。其次，家庭教育的场所，并不限于家庭之内。凡有家庭成员共同活动的地方，就有家庭教育的课堂，如娱乐场所、劳动场所等。最后，家庭教育所涉及的内容，采用的手段和方法，也都是广泛的。

现代家庭教育的情感性体现在，家庭是以婚姻为基础的、以血缘为纽带的社会生活组织形式，这种血亲关系是人与人之间最富感情、最为亲近的人际关系。因而在这种社会生活组织形式内所开展的家庭教育，具有浓厚的感情色彩。这是其他教育形式所不具有的特点。

（四）现代家庭教育和生活的融合性

家庭教育与家庭生活在各个方面融为一体，交叉渗透，随着家庭生活的变化和受教育者的发展不断地变换着形式和内容。首先，家庭中的结构和因素直接或间接地对年幼者起教育作用。例如，家庭自然结构、双亲职业、社会经济地位、物质条件、家庭气氛、生活习惯、志趣爱好等，都极大地影响着孩子的个性、志趣和品行的形成。其次，青少年生在家庭、长在家庭、与家庭成员朝夕相处、休戚与共，家庭生活的各个方面都影响着他们身心的发展。正是由于家庭教育和家庭生活的高度融合性，才使家庭教育的影响成为一个连续的系列，在潜移默化中塑造一代人的性格。

（五）现代家庭教育的丰富性与灵活多样性

首先，家庭教育与生活相融合的特性，决定了家庭教育内容的丰富性。凡是与人生有关的知识，都囊括其中，远远超出学校教育的内容。其次，家庭是社会的细胞，又是社会的缩影。社会生活的复杂性也会反映到家庭生活中来，使家庭生活和教育也具有了复杂性和多样性。

同时，现代家庭教育在形式上又具有灵活多样性。家庭教育没有固定的“程序”，随时随地都可进行，“遇物则诲，相机而教”。在家庭成员休息、娱乐、闲谈、家务劳动、走亲访友、逛商店、参观、旅游等活动中，都可对孩子进行教育。其教育方式，向无定格。因人施教，因事设教；因时而异，因地而异；以情感化，以事喻理；以言训导，以身示范；一个眼色，一个神态；一阵谈笑，一阵沉默，都是一种教育方式。

第三节　现代家庭教育的功能和基本要素

一、现代家庭教育的功能

（一）现代家庭教育的个体功能

1. 现代家庭教育的个体社会化功能

个体社会化是指个体在与社会的相互作用过程中，将社会所期望的价值观、行为规范内化，获得社会生活所需要的知识、技能和行为方式。家庭以其独特的地位和方式，影响着个体形成基本的生活习惯、态度和行为方式，从而奠定个体社会化的基础。

第一，家庭教育在教导未成年人最基本的生活技能和知识方面起重要作用。在现代社会里，随着科学技术的发展，人们的生活内容丰富多样，新的生活知识与日俱增，掌握这些新的生活知识，主要靠家庭实践。

第二，家庭教育在教导未成年人掌握基本的社会规范，培养其道德情操方面起重要作用。家庭生活规则就是孩子最初接触到的社会规范。

第三，家庭教育在指导未成年人确立正确的生活目标、树立远大的理想方面起重要作用。未成年人最初接受并内化的人生价值观是以家长已形成的人生观为基础，再通过家长中介作用于自身的。

综上所述，家庭教育是个体社会化的起点和基础、通道和桥梁，在一定程度上决定着个体社会化的方向、速度和水平，是个体实现社会化不可或缺的一个环节。

2. 现代家庭教育的个体个性化功能

个体之间存在着很大的差异性。这种差异性不仅表现在个体通过生物遗传方式继承下来的生理特征，还表现在个体所具有的独特个性。在个性的形成与发展过程中，家庭教育具有重要作用。

第一，家庭教育影响个体个性心理特征的形成。家庭是个体最初的生活场所，个本各种心理特性都在家庭日常生活中表现出来，并得到强化、提高，成为个性形成的基础。好的家庭教育，对个体个性形成和一生顺利发展产生积极的作用，反之，则会束缚个体的健康成长。正如英国教育家约翰·洛克在《教育漫话》中指出的那样："教育上的错误比别的错误更不可轻犯。教育上的错误正和错配了药一样，第一次弄错了，决不能借第二次、第三次去补救，它们的影响是终身洗刷不掉的。"

第二，家庭教育在个体自我意识形成中起重要作用。自我意识是人在与社会的相互交往过程中形成的对自己以及自己与周围环境关系的多方面、多层次的认知、体验和评价，是个体关于自我全部的思想、情感和态度的总和。马克思说："动物和它的生命活动是直接同一的。动物不把自己同自己的生命活动区别开来。"人则使自己的生命活动本身变成自己的意志和意识的对象，人的生命活动是有意识的。个体自我意识的最初萌芽和发展，是在家庭教育中得以实现的。个体通过个体个性化功能，建立起与社会客观现实相统一的自我意识，若个体个性化过程受挫，就会导致个体内心混乱，产生绝望意识，"自我实现"落后。因而家庭教育能否实现个体个性化功能，将直接关系到个体的心理健康。

（二）现代家庭教育的社会功能

家庭作为社会存在的要素之一，必然和其他社会主要要素发生各种关系，并能通过自身的活动对社会各方面产生影响。家庭教育社会功能侧重于教育活动及其结果在社会进步中的作用。

1. 家庭教育的经济功能

家庭教育的经济功能是指家庭教育对社会经济发展所起的作用。

劳动人口是社会经济活动的主体。从这个角度来看，劳动人口的数量和质量是能够促进或延缓社会经济发展的因素。劳动人口质量主要指人的体质、文化程度、劳动技能、道德水准和思想意识等。劳动人口文化结构的变化，具有一定的社会经济意义。良好的家庭教育，能从社会整体利益及孩子自身素质出发，在重视和培养孩子优势能力的同时，还能与学校教育和社会教育积极配合，促使孩子得到全面的发展。

2. 家庭教育的政治功能

任何一个社会为了维持现有社会的政治体系和价值标准，调节人与人之间的关系，稳定社会秩序，都很重视向人们传播一定社会或阶级的道德行为规范。家庭自产生之日起，就担负着为社会培养未来公民的重要使命，这不仅是家庭亘古不变的功能，也是家庭之所以存在的理由之一。家庭历来是被用来传播社会伦理道德、行为规范的重要场所，家庭教育是重要的传播途径。特别是在民主开放的社会里，家长还在家庭生活中培养孩子的民主意识、法律意识、参与意识等，并时时关注、指导孩子的政治倾向、政治态度、政治观点的形成与发展。

3. 家庭教育的文化功能

首先，家庭教育在一定程度上决定着文化传统的前途和未来。社会文化传统通过具体的家庭教育内容，得到有效的传递与保存。例如，为中国人所重视的孝和礼等文化传统，在中国几千年的封建社会里，就具体地反映在以各种“家训”和启蒙读物为表现形式的家庭教育内部教材之中。其次，社会文化传统通过家庭教育得到进一步的丰富。家庭教育是一个经过家庭教育的教育者与受教育者双重选择、整理和丰富的过程，他们也会围绕着文化传统创造出新的文化特质。最后，家庭教育通过对未成年人传授本民族特有的民族文化，使他们对本民族文化产生强烈的认同感、亲切的归属感和倾向于本民族文化的向心力。可以说，家庭教育具有积极地传播优秀文化和有效地指导优秀文化再生过程的功能。

二、现代家庭教育的基本要素

从人类家庭和家庭教育历史来把握，家庭教育是一个生生不息的过程。这一过程由哪些要素构成？这些要素是如何发生关系的？在各种关系中哪种关系是最主要的？本节尝试对这些问题做出回答。

（一）家庭教育的主要施教者：家长

家庭教育是融于家庭生活之中自然而然进行的终生活动，活动的结果是期望未成年人朝预定的方向发展。受教育者（未成年人）发生变化的基本过程是通过教育者（成年人）有目的的活动而实现的。因此，离开了教育者（成年人）及其有目的的活动，家庭教育过程也将不复存在。当然，家庭教育并不像其他形式的教育那样正规，在许多情况下，成年人不经意的举动也会给未成年人留下终生难忘的印象，但并不能因此而否定家庭教育活动的目的性。

家庭教育施教者的地位，是由社会所赋予的。当父母亲有了孩子（亲生或收养），履行着抚养的责任，他（她）就成为孩子第一任老师。这种伴随一定社会角色（父母亲）自然生成的“天然”的教育者角色，作为社会习俗文化的有机组成部分，通过社会文化遗传方式，代代相传，延续至今。所谓“子不教，父之过”，就是把家长教育孩子作为其“天然”的责任。

由社会所赋予、所认可的施教者，也会在积淀于内心深处的文化观念的支配下，在外界各种社会力量的约束下，“自觉”地行使着自己的教育权，完成社会所规定的教育未成年人的任务。家长在家庭教育中不同的性别角色会给予孩子不同的教育和影响。例如，母亲代表着温柔、勤劳、忘我和牺牲等；父亲意味着刚毅、果断、坚强、豁达，父母双亲在家庭中的作用如同一对车轮，缺一不可。即费孝通指出的双系抚育。

在家庭教育过程中，施教者可能发挥的作用，主要有以下三种。

第一，指导作用。孩子在其社会化过程中，所接受的社会价值标准和规范，是以家长已形成的价值标准和规范为基本内容。许多情况下，家长会采取各种方式，甚至是一些强制性措施，指导孩子应该或不应该接触和接受什么样的信息。施教者实际上成为信息的“守门人”。

第二，辅导作用。家长在对社会信息进行筛选过滤之后，施加于孩子，以期引起孩子在预定的方向发生变化。在这一过程中，家长充当助成者角色，使孩子学习和掌握社会价值规范的活动，由消极被动的活动变成积极自主的活动。与此同时，与家庭经济、文化、家长职业地位相关的优势会传递给孩子，为孩子提供更好的教育机会，使其获得更优质的教育资源，取得更高水平的教育成就。

第三，管理作用。孩子在生理和心理方面还不够成熟，在生理上、精神上和经济上对家长仍有较大的依附性；孩子具有主观能动性，其活动范围和方式，所受到的各种影响，会随自我意识发展水平和主观能动性发挥程度而发生变化。于是，在家庭这个特定的教育情境中，施教者实际上又承担着“管理”和“控制”受教育者的职能。

在家庭教育实践活动过程中，施教者的教育活动有可能或多或少同时具有指导、辅导、管理三种属性，也有可能在突出某一种属性或以某一种属性为主时而做出不同的抉择，使家庭教育显示出各种不同的形态。

（二）家庭教育的主要受教者：儿童

儿童作为家庭教育的受教者，其特性和地位理应得到人们的重视。儿童的生理特性及社会特性决定了儿童需要被教育，也决定了儿童容易被教育。人类的婴儿不但所需的哺乳期特别长，能独立直接利用别种食料来营养的时期特别晚。即断乳之后，生理上虽则可以说已经长成独立的个体，但是，还需要一个更长的时期去学习在社会中生活所需的一套行为方式。这是人类所特具的需要。社会知识的传递对于个人的生活是至关重要的，因为人不能个别地向自然去争取生存，而得在人群里谋生活，人类的幼年需要依赖成年人的保护和供养的时间特别长。“这是形成家庭的一个主要因素。家庭就是为了保障孩子得到保护和供养而造下的文化设备。”[1]

人类所从事的每一种实践活动，都是以调节、控制和改造每一种对象为其内容和目的的，实践对象是构成实践活动的要素之一。家庭教育以人为对象，人也能在各种场所中受到影响和教育，受教育者是构成家

---

[1] 费孝通. 生育制度［M］. 北京：北京联合出版公司，2018：189.

庭教育活动的要素之一。但是，“人类在很长时期中，曾经把受教育者的被动性作为社会的期望（价值取向）。在那种状况下，受教育者成为‘人’（表现人的自主性）会受到‘非人’的待遇（如体罚）；反之，受教育者成为‘非人’（丧失自主意识），才能受到‘人’的待遇（鼓励、尊重）。”[1]直到近代社会，人类才逐渐地对教育对象——人的特性有所认识，可以说是对教育天地“人”的发现。

人们经过长期艰苦的探索，逐渐地认识到受教育者具有以下几个属性。

第一，受教育者是一个能动体，具有发展自身的动力机能，能够自觉地参与教育过程，并与施教者共同完成教育的过程。

第二，受教育者是发展中的人，他们具有与成年人不同的身心特点，具有巨大的发展潜能，因此也就需要得到成年人给予的关怀。

第三，受教育者是一个完整的人，他具有自然属性和社会属性，也就需要接受健全的教育，以使身心得到均衡的发展。

第四，受教育者是以学习为主要任务的人，这种学习主要是在施教者指导下而展开的规范化学习。

基于上述认识，我们认为，个体由生物人向社会人转化，必须适时地接受家庭教育和其他各种形式的教育，最终实现与社会发展水平相适应，成为一名合格的社会成员。现代教育科学研究发现，受教育者在教育过程中的地位与其主观能动性的发挥有一定的关系。而受教育者的地位又取决于他们在教育过程中的自由度，所承担责任的性质与限度，以及挑选受教育者所采用的标准。[2]

（三）家庭教育的中介：家庭环境

家庭环境作为家庭教育的中介，与家庭教育功能的实现息息相关。有学者认为，家庭教育学所要研究的家庭环境即家庭中父母及其他年长者教育活动之外，自觉或自发影响未成年人个体发展的各种因素，这些

---

[1] 陈桂生．教育原理［M］. 上海：华东师范大学出版社，2000：14.

[2] 关颖．家庭教育指导者培训教程［M］. 天津：天津社会科学院出版社，2018：52.

因素可概括为物理环境、文化环境和心理环境三个方面。

笔者在这里另寻思路，将家庭环境剖开来讲，分为家庭结构、家庭经济生活状况、家庭人际关系、家庭生活方式等方面。另外，家庭环境本身也是一种潜在的教育因素，时时刻刻对孩子身心发展起着潜移默化的影响。

1. 家庭结构对家庭教育的影响

家庭结构就是家庭诸成员不同层次和序列的组合，家庭结构在其规模上可区分为大家庭（联合、扩大、主干家庭）和小家庭（核心家庭）。家庭规模可直接影响到家庭成员在家庭生活中的地位，以及人际关系的疏密程度，其对家庭教育所产生的影响各有利弊。

在核心家庭中，人口数量少，成员层次少，关系比较密切。家庭的内聚力比较大，孩子容易接受双亲的教育和影响。教育者受外界干扰比较少，双亲和孩子的根本利益相一致。但这种家庭结构，在教育影响上也有不利的一面。比如，在城镇的核心家庭里，父母大多是双职工，孩子因此成为“挂钥匙儿童”（也称“白天孤儿”）。于是，亲子之间的接触减少，双亲难以全面地了解孩子各方面的情况，也难以控制他们的行动和活动范围，家庭教育影响力减弱。

在主干家庭中，家庭成员层次多，人口数量多。在这种家庭里，家庭生活经验和人际关系较为全面，教育影响因而也较为全面，有利于锻炼孩子处理各种关系的能力，培养其适应复杂社会生活的能力。但是，由于家庭成员多，人际关系复杂，家庭成员经历不同，思想观念也不同，容易在教育影响上产生不协调、不一致以及“隔代亲”的现象，也容易在不同代之间形成“代沟”，冲淡教育影响。

家庭教育在其完整性上，可区分为常态家庭和非常态家庭。非常态家庭包括：父母或其中一方由于各种原因过早地去世的缺损家庭；双亲曾有过离婚史的离异家庭；有继父（母）及收养关系的家庭。对处于非常态家庭之中的孩子来说，这种非常态的家庭自然结构对他们的学习、品德、心理等各方面都会产生不利影响。例如，在父母离异的家庭里，父辈沉闷、孤独、烦躁等不正常的情绪时时感染和困扰着孩子；或是走向另一个极端，为了弥补孩子失去爱的“空白”而过于娇惯溺爱，放任迁就，出现不管不教的现象等。而在某些情况下，非常态家庭具有特殊的教育补偿功能，只要善加利用，能促使孩子得到积极的发展。在历史上，就有对社会做出巨大贡献的杰出人物来自非常态家庭。

2. 家庭经济生活状况对家庭教育的影响

家庭经济生活状况，直接与孩子的物质生活、学习环境、健康条件等方面相联系，是家庭“社会地位”的主要指标。以往的研究成果表明：在极端贫困、经济水准在温饱以下的家庭里，孩子由于家庭经济匮乏而缺乏身心健康成长及学习的物质保障，甚至中途辍学。过于优裕的家庭经济生活条件，反而容易养成孩子养尊处优的品性，成为影响孩子发展的不利因素。

3. 家庭人际关系对家庭教育的影响

家庭的人际关系主要指父母之间、父母与孩子之间的心理关系。良好的心理关系，以及由此形成的家庭生活气氛和生活秩序，对家庭成员特别是未成年人的身心健康具有重要的影响。

心理学研究表明，家庭和睦美满，父母婚姻幸福，是孩子精神卫生和心理健康的可靠保障。在心理咨询与心理治疗中发现，相当部分儿童和青少年的心理问题与父母婚姻质量、家庭气氛融洽程度有直接的关系，甚至有不少中老年神经症患者，对于儿时父母对自己的影响和家庭不睦造成的心灵创伤，仍记忆犹新。

以上我们借助以往的研究成果，对影响家庭教育实施的主要内部因素做了粗线条的描述和分析。在这些因素中，其可能产生的影响作用有所不同。有些因素是自然的、客观的，具有非控特性，对此家长难以选择或调节。有些因素带有主观性质，可以完全由家长人为地调节，当这些因素存在某种缺陷而产生不良影响时，一般能通过提高家长自身素质及教育自觉性的途径得以弥补。

家庭中这些现实因素是通过家长的自觉教育和潜移默化影响两种途

径对家庭教育效果产生影响的。家庭中的各种因素，或转化为对孩子的自觉教育要求，或渗透于家长的行为、态度、习性之中，进而影响孩子的学习抱负、志向、努力程度、交往择友、生活态度、品质习惯等各个方面。显然，各种因素影响家庭教育的实际效果，会随着家长教育自觉程度的变化而变化。

第四节　现代中国家庭教育的目标与任务

研究家庭教育的目标和任务的根本目的在于指导家庭教育的实践，使家庭教育工作增强自觉性，克服盲目性，为国家培养德智体美劳全面发展的社会主义建设者和接班人。

一、现代中国家庭教育的目标

（一）现代中国家庭教育中的目标定位

目前，我国的家庭结构由大家庭向三至五人的小家庭转化，家长对孩子提出的目标定位越来越高。因此，近年来孩子“离家出走”等事例屡见不鲜。如何运用科学的教育方法给孩子进行适度的目标定位并得以实施，是一个值得深入探讨的问题。

1. 目标定位要因人而异

《皮格马利翁效应》一书中指出：“对被管理者的期望要适当，不能超出他们的承受力，当其竭尽全力也不能完成时，他们就会泄气。”[1]家长对孩子的期望、目标定位也是如此。要从实际出发，因人制宜，目标定位要有的放矢。

对智商高的孩子，可以定位高些，对智商低或一般的孩子，目标定

[1] （美）乔塞尔森·皮格马利翁效应[M].高榕，温旻，译.北京：机械工业出版社，2011：132.

位要略低或再低些。还要考虑孩子的年龄、心理特性，这样既不挫伤孩子的自尊心和积极性，又能使目标定位得以实施。要强调的是，给孩子确定的目标定位不能仅限于智力因素方面，非智力因素如道德观念、行为习惯、劳动能力等也不可忽视，不能以考试分数的高低判断孩子聪明与否。目标定位的内容要全面、系统、综合考虑、适度科学。

2. 目标定位要“严中有格、严爱结合、爱而适度”

如何帮助孩子一步步达到目标定位，需要家长把握时机。许多家长都主张从严管教。对孩子平日严格要求是无可非议的，但要“严中有格、严爱结合、爱而适度”。所谓“格”，就是度，“严中有格”就要对孩子严要求，但不能过度，使孩子无路可走。“严爱结合、爱而适度”，即让孩子从家长身上得到爱的体验，感到家长既是自己的学习榜样，又是自己的知心朋友，有什么心里话都愿意和家长讲。但家长不能事事包办代替孩子去做，爱要有个“度”。要针对不同年龄孩子的心理特点，循循善诱，激励孩子的积极性，教给孩子解决各种问题的方法，让孩子在轻松愉快的氛围中学到知识。

3. 目标定位要注意兴趣、毅力的培养

对孩子的教育要抓规律，要了解和掌握各个年龄段孩子的身心发展特点，循序渐进地对孩子提出不同的要求。

无数事实证明：兴趣、爱好是最好的老师，是孩子成长的动力。因此，家长在为孩子进行目标定位时，要把握孩子的兴趣点，即孩子爱好什么、想什么，针对孩子的爱好，因势利导地提出目标定位。当然，孩子的爱好、兴趣有的可能不正确、不健康，这时，家长要给孩子讲道理，让孩子明辨对错是非。家长切忌把自己的愿望、兴趣作为目标定位强加给孩子。

只注重兴趣培养还不行，家长还要注意对孩子毅力的培养和训练。

（二）现代中国家庭教育的具体目标

第一，培养孩子具有共产主义道德品质，帮助和指导孩子逐步形成正确的立场、观点，为孩子的人生观、世界观的形成打下良好的基础。

第二，教育孩子懂得社会规范，追求社会目标，学会社会生活方式，争取做社会主义的建设者和接班人。

第三，训练孩子会学习、会工作、会生活、会劳动，使孩子德育、智育、美育、体育、劳动教育诸方面均得到健康发展，成为全面发展的一代新人。

第四，要求孩子具备国家公民的基本素质，做到德才兼备，言行统一，遵纪守法，公正诚恳，时刻准备为建设祖国、保卫祖国而献出自己的一切。

二、现代中国家庭教育的任务

家庭作为孩子的第一所学校，其任务是多样的。现代中国家庭教育主要进行德育、智育、体育、美育、劳动教育五方面的任务。

（一）家庭德育

家庭德育是指在家庭社会环境中，由父母或其他年长者对孩子及其他年幼者（儿童和青少年）施加无意识的影响或有意识的教育，把一定的道德规范、思想意识、政治观念转化为受教育者品德的一种教育活动。家庭德育主要包括道德教育、思想教育以及人生观、世界观教育等诸多方面，其核心是品德教育。因此，很多时候又把家庭德育称为家庭道德教育。家庭德育的主要任务有以下几个方面的内容。

第一，培养孩子热爱党、热爱社会主义祖国、热爱人民的高尚的道德情感。要让孩子从小就懂得祖国利益高于一切，报效祖国是自己的神圣任务。从小就要培养孩子对祖国山川河流、对自然日月星辰、对祖国灿烂文化的无比热爱之情。

第二，培养孩子良好的道德品质和行为习惯。这既是我国家庭教育的优良传统，也是今天家庭德育任务的重点。家庭成员要遵守公民道德、职业道德和家庭美德，家长要在言行中对孩子进行这些方面的教育，培养孩子爱国守法、明礼诚信等基本道德品质和行为习惯，培养孩子对不良品质的抵制力和批判能力。

第三，增强家庭成员之间的情感教育。特别是培养孩子关心父母、兄妹、小伙伴，扩展到关心学校、教师、家乡，进而是国家和党。只有将情感教育置于家庭德育的重要部分，才会使家庭更加温馨，更加温暖。

第四，家庭成员要锻炼自我教育的能力，家长要提高自身道德修养和政治素养，并逐步培养孩子这方面的能力。一方面要提高孩子的思想素质、道德行为的自我控制和自我完善的能力，形成自我内部调控和发展的机制；另一方面要提高孩子对社会中存在的各种现象、思潮和行为进行道德批判的能力。

（二）家庭智育

所谓家庭智育，是指家长对孩子进行的智能教育活动。家庭智育的主要任务有以下内容。

第一，传授有关自然、社会的基本知识，并引导孩子将知识转化为技能技巧。对于幼儿时期的孩子，主要是传授其有关周围自然界和社会生活的基本知识，使其在动作思维的基础上发展直观形象思维，而知识和技能的传授不应占据主要地位；要重点培养幼儿的学习兴趣、求知欲和良好的学习习惯，发展他们的口语表达能力。

第二，开发孩子的智力，尽可能从多个方面促进孩子的智力发展。重在培养孩子的观察力、记忆力、注意力、思维能力和想象力，特别是创造性思维能力．同时培养孩子的操作能力和独立生活能力。

第三，在孩子入学后，积极配合学校智育，有计划地进行学校课程的家庭辅导，促使孩子在德、智、体、美、劳诸方面协调一致的发展。培养孩子的学习兴趣和良好的学习习惯，端正其学习态度，扩大其知识面，进行智育训练，培养社会主义事业的有用人才，为完成国家建设需要快出人才、早出人才、多出人才、出高级人才的紧迫任务而服务。

第四，培养孩子的非智力因素。非智力因素主要包括兴趣、爱好、情感、意志力和性格等个性心理品质。家长要重视培养孩子一定的兴趣爱好、愉快的情绪、对学习的热爱、对挫折的承受能力、刻苦勤奋的好学精神、活泼的性格、宽阔的胸怀、自信心、远大的理想和目标，这些对孩子的智力发展都有促进作用。

（三）家庭体育

家庭体育是在家庭范围内进行的身体练习和家庭文体活动，是一人或多人在家庭生活中安排的或自愿以家庭名义参与的，以身体练习为基本手段，以获得运动知识技能、满足兴趣爱好、丰富家庭生活、达到休闲娱乐、实现强身健体和促进家庭稳定为主要目的的教育过程和文化活动，是家庭教育的重要一环。家庭体育的任务主要包括以下几个方面。

第一，保证孩子身体正常发育和各器官机能的充分发展。

第二，培养孩子科学的体育锻炼方法和自觉地参与体育活动的习惯。

第三，寓美育于体育之中，发展孩子健康和优美的姿势。

第四，教育孩子懂得一些健康卫生常识，养成良好的生活卫生习惯。

第五，根据孩子年龄特点、体力智力的不同情况，引导孩子参加室内外一些体操、球类、棋类、武术类小型活动，也可带领孩子爬山、游泳、滑冰、骑自行车。

（四）家庭美育

家庭美育是指家长以孩子为教育对象，以家庭为教育大本营，培养孩子对美的感知、向往与兴趣的教育活动，是提高孩子发现美、欣赏美、创造美的能力的重要途径之一。我国近代著名教育家蔡元培说："美育者，应用美学之理论于教育，以陶养感情为目的者也。"所以在家庭教育中，美育的主要任务不仅是要培养孩子的审美感受力和鉴赏力、健康的审美情趣以及表达美、创造美的能力，还要通过家庭美育美化孩子自身，帮助孩子树立美的理想，发展美的品格，培育美的情操，形成美的人格，甚至应用美的图画、舞蹈等艺术品调剂孩子的学习与生活，丰富孩子的活动形式，将美应用在孩子的生活中。具体来说，家庭美育的任务主要包括以下几个方面。

第一，向孩子讲解一些美育常识，培养孩子充分感受美的能力。

第二，培养孩子树立正确的审美观念，从孩子日常生活行为入手，使孩子逐步懂得真善美与假丑恶的界限。

第三，培养和发展孩子创造美的能力，逐步懂得音乐感、色彩感、节奏感，能够观赏自然和艺术的美，并具有一定的辨别能力。

第四，通过日常衣食住行，指导孩子学会讲究个人仪表美、家庭环境美，进而升华到心灵美。

第五，处理好小家庭和大环境的关系，教育孩子具有择善而从，见恶而弃的美德。

（五）家庭劳动教育

所谓家庭劳动教育，是指父母或其他年长者在家庭内自觉地、有意识地对孩子进行的劳动教育。家长通过力所能及的家务劳动帮助孩子树立积极正确的劳动观念和劳动意识，养成劳动习惯，使孩子成为具有独立生存能力、有责任感的社会人。[1]家庭劳动教育的任务主要包括以下几个方面。

第一，教育孩子树立正确的劳动观念。

第二，培养孩子热爱劳动的习惯。

第三，传授孩子基本的劳动知识和技能。

第四，教育孩子要尊重劳动人民，珍惜劳动成果。

第五，启发孩子在参加家务劳动和社会公益劳动中把知识和技能用于实践，并逐步提高其创造能力。

---

[1] 朱桃英．对家庭劳动教育中存在问题的调查及思考 [J]．当代教育科学，2003（17）：23-27.

第二章　我国家庭教育的历史沿革、发展现状与发展趋势

家庭教育是家庭的基本职能之一，是伴随着家庭的产生而产生，并伴随着家庭的发展而发展的，与家庭发展的一定阶段紧密联系。在社会发展的不同阶段，家庭教育都有着它所处的那个历史阶段的特征。通过回顾家庭教育的历史沿革，探究家庭教育的演变过程，可以发现家庭教育的整个发展脉络，认识和掌握家庭教育发展的趋势和规律，展望和预测家庭教育的发展前景，并总结家庭教育的发展经验，借鉴古今中外家庭教育先进的理念和方法，为改善我国家庭教育状况提供有益帮助。

第一节　我国家庭教育的历史沿革

一、我国古代社会家庭教育

随着生产力的发展，原始社会逐渐向奴隶社会过渡，私有财产制最终代替了原始社会的公有财产制，一夫一妻制的个体家庭最终代替了父系大家庭，对子女的教育逐渐成为家长的私人事务，真正意义上的家庭教育出现了。古代社会的家庭教育是指奴隶社会和封建社会的家庭教育。在这两个社会中，生产力水平都比较低下；在生产关系上都存在着剥削与被剥削两大对立阶级的矛盾和斗争；家庭是比较稳定和封闭的经

济单位、生产单位和生活单位，是社会的主要组织形式。正是由于有着相似的社会基础，这两个社会的家庭教育虽然在具体的目标、内容和方法等方面有所不同，却有着许多共同的特征。

（一）鲜明的宗法等级性

奴隶社会和封建社会家庭教育的最鲜明的特点，是贯穿着人身依附和宗法等级关系。阶级不同，等级不同，家庭教育的形式、目标和内容也不同。在古代社会，家庭教育成为奴隶主阶级和地主阶级进行统治的重要工具。

在奴隶社会，奴隶主阶级的家庭教育是相当受重视的。中国夏、商、周三代的统治阶级，在太子、世子生下来后，便在宫中设“孺子室”，专事太子、世子保育、教育之用。其教育目的是培养能够镇压奴隶的统治人才；教育内容是学习奴隶社会的生活方式和社会秩序，区别贵贱尊卑等。而平民阶层的孩子，只能在自己家里，结合日常生活、劳动向父母及其他年长者学习他们所从事的职业的知识、技能。至于奴隶，他们的一切都归奴隶主所有，包括他们的子女，他们无权接受教育，并要夜以继日地从事繁重的劳动，根本顾不上孩子，当然也谈不上什么家庭教育。

在封建社会，尽管社会教育得到了一定程度的发展，但封建统治阶级为了巩固自己的统治地位，尤为重视家庭教育。中国封建社会实行的是“家天下”的统治，“国”与“家”相通，君权与父权相互为用，以父权家长制为中心的家族制和宗法组织是统治者治国平天下的基础，所以，在《大学》中就提出了“修身齐家治国平天下”的格言，把“修身”“齐家”作为“治国”“平天下”的前提，而家庭教育则是“齐家”的重要内容。这样，家庭教育便成为巩固封建强权政治的工具，通过灌输宗法观念、伦理纲常、男尊女卑等思想，培养地主阶级需要的忠臣顺民。在封建社会，家庭不仅是经济生活的共同体，在政治上也是福祸相依、荣辱与共，一个人的命运决定着全家人的命运。在这种情况下，家庭教育又承担起了传宗接代、光宗耀祖的重任。不同的家庭代表着不同阶级的利益。因此，家庭对其孩子的教育也就必然具有鲜明的阶级性。

（二）推崇道德教育

奴隶社会和封建社会家庭教育的另一特点，是以道德教育尤其是家庭伦理道德的教育为首要内容。中国奴隶社会的家庭教育，同学校教育一样，以所谓的“六艺”，即“礼、乐、射、御、书、数”为主要内容；德育居于首位，而且渗透于其他各项内容之中。以“三纲五常”为核心的封建伦理、男尊女卑、轻视劳动、轻视劳动人民等封建思想观念成为封建社会家庭教育的主要内容。许多思想家、教育家强调家庭教育要从教人伦着手，使孩子学会做人。而做人的标准可归纳为：在家孝父母，为国要忠诚，求学要勤奋，生活要节俭，待人要诚实等。此外，古人还注重严格要求，严加管教，认为这是使孩子养成良好品行的重要一环，但严格多与体罚、责骂相联系。当然也有并非一味训诫，而是注重对孩子循循善诱的人。孟母“断织劝学”，曾子“杀猪教子”，就是通过因势利导，引导孩子勤学向善的典型例子。西方古代社会家庭教育的状况也大致如此。例如，古代罗马早期，作为教育主要形式的家庭教育，虽有读、写、算的教育活动，但在儿童教育中并不占重要地位，重要的是宗教和道德教育，尤其是道德教育。他们讲求孝道，推崇爱国、守法、勇敢、庄严、诚实、谨慎等美德，而在这方面起重要作用的是祖先们的英雄事迹，英雄故事成为教育儿童效忠国家、崇尚社会美德的不可缺少的内容。

（三）注重早期教育

注重早期教育，是奴隶社会和封建社会家庭教育的又一突出特点。中国古代社会不但注重早期教育，而且非常重视胎教。西汉的教育家贾谊，把前人关于胎教的零散经验汇总起来，形成了全面系统的胎教学说。他提出了父母选择配偶是胎教的根本问题，要进行正礼的胎教，孕妇言行必须符合中庸之道等主张，为我国丰富多彩的古代胎教理论奠定了坚实的基础。对古代胎教和早期教育的经验，颜之推在《颜氏家训》

中充分予以肯定，并指出早期教育对孩子的成长具有极为重要的作用。因为幼儿时期行为习惯尚未形成，具有很大的可塑性，所以应抓紧时机，在幼儿能认识人、知喜怒时就开始教诲，该做的就要教孩子做，不该做的则不让他做。如果孩子养成坏习惯再给予纠正，就很困难了。

二、我国近代社会的家庭教育

近代中国，经济贫穷，政治落后，广大人民生活在水深火热之中。近代家庭教育主要有以下几个方面的特点。

第一，家庭教育的制度化。家庭教育的最大特点是长期分散到各家各户进行，具有相当强的独立性和特殊性，而在中国古代史上，家庭教育向来是家长自发进行的，从来没有纳入国家的教育体系之中。在近代，随着向西方学习的不断深入，其议会制度、法律制度的逐步引入直接促进了我国家庭教育制度化的发展，其最主要的表现则是政府颁布的关于家庭教育的一系列法令。

第二，家庭教育的科学化。与自给自足的小农经济相对应，我国古代家庭教育呈现出强烈的经验性，注重的是长辈对晚辈人生经验的传递与教诲。流传下来的对于家庭教育的论述也是相关经验的总结，缺乏理论依据和科学基础。近代以来，随着西方教育理论的传入，尤其是对福禄倍尔、蒙台梭利、杜威等幼儿教育思想的吸收，我国家庭教育开始逐步走上科学化的道路。其中，康有为、梁启超、鲁迅、陈鹤琴、陶行知、郑晓沧、张宗麟等一批先进的知识分子都对我国近代家庭教育尤其是幼儿教育的理论进行了革新。例如：康有为在流亡日本期间，借鉴福禄倍尔的经验，提倡在初等教育阶段设立“胎教院”“育婴院”“慈幼院”等，全面系统地论述了学前教育。郑晓沧早年留学美国，认为儿童教育的原则和方法可以用一句话概括：“方法问题，实即儿童兴味与能力发达之问题也”，以此强调儿童兴趣的重要性。而我国近代著名的家庭教育家陈鹤琴则认为家庭教育必须建立在家长对儿童身心发展特点和规律的了解以及对儿童尊重的基础上。“必须根据儿童的心理始能行之得当，若不明儿童的心理而妄施以教育，那教育必定是没有成效可言的。”他把心理学作为其家庭教育思想的理论基础，并以此对其家庭教育的原则和方法进行论述。而其1925年出版的《家庭教育》一书也可视为我国家庭教育系统化和科学化的重要标志。

第三，家庭教育的开放性。在古代，封闭的自给自足的自然经济占统治地位，与此相适应，我国古代的家庭教育也具有强烈的封闭性。在教育内容上，重视行为习惯的培养和伦理道德的灌输，内容相对狭窄。在教育形式上，各自以家为政，交流较少。进入近代后，西学的传入丰富了我国家庭教育的内容，其由传统的道德型教育逐步过渡到知识型教育。除了传统家庭教育的基本内容外，西文、西艺、西方的政治、经济、军事、历史、地理等知识也逐渐加入我国家庭教育中，大幅促进了其发展。西学的引入使我国近代家庭教育内容呈现出开放性和知识性的特征。在教育形式上，清末尤其是20世纪以后，许多家长都送孩子出国留学，国际间的教育交流逐步增多，家庭教育打破了其原有的藩篱，家长“开始用一种新的家庭教育形式来实现让孩子接受新式教育的愿望。”

纵观我国近代家庭教育的历史，它是在对我国古代家庭教育传统的批判和继承以及西方先进教育思想的吸收和融合基础上形成的。在保存了家庭教育优良传统的同时，呈现出了制度化、科学化、民主化和开放性的新特点，为我国现代家庭教育的发展奠定了基础。

第二节　我国家庭教育的发展现状

如何教育孩子，把孩子培养成为什么样的人，主要取决于家长的意志。从这个意义上来说，家庭教育是一种私人教育，但家庭教育并不是与社会生活相隔绝的。相反，家庭生活与社会生活是息息相通的，社会政治、经济、文化的变革，通过多种途径和渠道渗透到家庭生活中，对家庭教育产生影响。因此，对家庭教育的研究一定不能脱离社会环境，而要和社会政治、经济和文化的变革相联系。

我国的改革开放和经济体制转轨是急剧而深刻的社会变革。社会变革已经并且正在为家庭教育的实施提供良好的环境和有利条件，比如，经济的发展，使家庭教育的物质条件得到改善；社会的开放，使家长很容易接触到外来的家庭教育信息；科学技术的发展，给家庭教育提供了先进的教育手段；社会的进步，也促使家长的教育观念、道德观念、价值观念发生变化，家长和孩子的关系得到了改善，这一切都有利于加强和改善家庭教育，提高家庭教育的效果。但与此同时，也使得我国的家庭教育面临一些前所未有的新情况和新问题。

一、学习型家庭受到推崇

根据社会发展对人才的需要，不少家庭成功地将孩子培养成才，这种成功的家庭教育案例吸引了不少尚在家庭教育这条道路上摸索前进的家长们，越来越多的家长开始努力把自己的家庭打造成学习型家庭。

学习型家庭是一种新的家庭形态。作为一种新的家庭形态，无论是双亲、单亲或其他特殊形式的家庭，也不分富裕或贫困家庭，以学习动机高低和学习能力强弱的组合为标准，划分成四种家庭形态：无学习动机和无学习能力的非学习型家庭，低学习动机和有学习能力的学习型家庭，高学习动机和低学习能力的学习型家庭，高学习动机和高学习能力的学习型家庭。

学习型家庭是一种以家庭为单位的新的学习组织形式，具有持续不断的学习、亲密合作的关系、彼此联系的网络、集体共享的观念、创新发展的精神、系统思考的方法。其成功经验是：①家长应带头学习。不管家长自身的文化水平是高是低，只要意识到自身的不足，敢于并坚持去学习，在家庭中营造一种浓厚的学习兴趣，就会感染到孩子，这样，孩子就会从小养成一种良好的学习习惯。《颜氏家训》云："夫同言而信，信其所亲；同命而行，行其所服。"孩子的教育，正是"信其所亲"在起着极大的作用。家长可根据自己工作与生活的需要，跟孩子一起制定学习的内容、学习的形式及学习的时间等。②家庭人际关系应和谐。和谐的人际关系，有助于家庭成员的平等交流与对话，有助于家庭成员的共学与互学。家庭人际关系指的是家庭成员之间相互作用的结构和方式。例如，核心家庭的人际关系主要指夫妻关系与亲子关系。和谐平等的亲子关系有助于孩子接受家长的教育，同时，也有助于家长向孩子学习。这种互动式的学习，有助于推动学习型家庭的创建。即亲密和谐的夫妻关系、民主平等的亲子关系，是推动学习型家庭创建的十分重要的软环境。

学习型家庭之所以受到推崇，恰恰是因为它反映了家长的心愿，孩子的学习是当前家庭教育最重视的内容，符合家长对孩子的教育期盼。

二、亲子沟通障碍问题越来越突出

当前，家长与孩子之间的矛盾冲突越来越突出，有的甚至到了不可调和的地步，发生了悲剧性的事件。尤其是处在青春叛逆期的孩子，与家长的矛盾尤为激烈，这也成了许多教育者特别关注的问题。

很多家长把自己的愿望构筑在孩子身上，毫不考虑孩子的想法，想把自己未实现的理想交由孩子来实现，认为孩子来到这个世上是帮自己实现梦想，以弥补心中缺憾的。事实上，家长的引导需要以家长对孩子精神成长的无条件看护与支持为基础，当孩子开始在生活中找寻自己的位置时，家长需要在孩子身边，告诉他们行为的界限，做支持他们的后盾力量。这种力量超越了所有的方法与策略，也是家长帮助面对青春困惑的孩子的一种根本性力量之所在。其实，孩子产生叛逆思想，不是他们的错，处于叛逆期，说明他们正在走向成熟，开始思考自己的未来，开始思考自己的人生价值。作为家长，在此时，应该给予他们正确的引导，但要注意方式，如果方法不正确，会起到反作用，造成亲子间出现沟通障碍问题。

三、家庭德育受到关注

教育家陶行知先生说："道德教育是做人的根本。""没有道德的人，学问本领越大，就为非作恶越大。"从我国当前的社会发展来看，对孩子进行道德教育，打好做人的基础，不仅是孩子自身发展和完善的需要，也是现代社会发展的需要。加强对孩子的道德教育是家庭教育始终不能放松的工作。

现在越来越多的家长已经认识到，一个没有道德的人，即使有再多的知识学问，也难以成材。家庭教育的首要任务，是要对孩子进行思想品德教育，教其做人。具体来讲，现在许多家长对孩子进行爱心教育，教育孩子爱祖国、爱人民、爱集体、尊老爱幼等。比如，先引导孩子爱家庭，爱家长，爱自己周围亲近的人，进而开阔他们的眼界，引导他们爱自己的家乡、居住的街道和村庄，爱名胜古迹、壮丽山河，最后升华到爱祖国、爱人民。

四、新媒体对家庭教育产生影响

社会经济的发展，信息化时代的到来，以及网络等新媒体的不断涌现，对家庭教育产生了许多负面影响。新媒体的出现，让孩子沉溺于网络构建的虚幻人物、场景，让孩子更愿意通过网络游戏、聊天工具等结交朋友，而不愿与家长交流。同时新媒体有大量反叛的、新颖的、激进的价值观念，这必将给家庭教育造成更大的影响。

新媒体在给家庭教育带来负面影响的同时，也给家庭教育带来了机遇，具体表现在以下几个方面。

（一）家庭教育开放化

新媒体时代下，通过使用QQ、微信、微博等方式使家庭教育完成了一次从实践到理论的提升过程。以微信为例，微信具有语音、即时通信、朋友圈视频、朋友圈文字等元素，是一个集言语、文字、图片、视频于一体的应用程序。这就给那些乐于分享自身生活的普通人提供了一个平台，从而成为别人关注的焦点，满足了其交往需求和自我实现需求。所以有很多人，尤其是年轻家长非常乐意将自己的家庭生活、亲子活动公开化，这种公开是立体式的、多形式的，其取得的效果往往比见面时的交流更明显。

（二）家庭沟通创意化

以往家庭间的沟通或家庭内部的沟通，其沟通模式往往是面对面沟通，或者通过书信、电话等形式来完成沟通。这种家庭沟通的方式，沟通内容有限，沟通对象选择单一化，沟通时空也容易受到限制。而新媒体下的家庭沟通，可以更富有创意。沟通者需要对自己的沟通信息进行加工、组织、删减，从而避免了许多不必要的误解。而且沟通效果能得到即时反馈。有时，一个鼓励表扬的话语或表情所发挥的作用，是口头沟通或书信沟通所不能替代的。

（三）形成通力的教育合作

这种合作既有个体的合作，也有集体的合作。合作主体有家长、教师以及社会其他群体。在传统的教育合力机制中，家长与教师、社会的沟通非常有限，极易受时间和空间的限制。在新媒体环境下，家长成为行动研究者，通过记录、搜集、公开自己与孩子之间的教育问题，让其他的家长以及学校教师、专家、媒体参与其中进行讨论、探究，来帮助家长找到问题的解决方案，从而促使家长成长为合格的家长。同时，学校教师也可以从观察家长的教育行为中找到孩子的成长轨迹，有目的地因材施教，最终形成教育合力，使孩子受到更好的教育。

五、重物质投资，轻心理素质的培养

过分重视对孩子的物质投资而忽略对孩子心灵的关爱，已成为当今中国家庭教育的一个普遍现象。大多数家长对孩子在物质方面的要求几乎是有求必应，即使经济条件比较差的家庭，家长也千方百计地为孩子提供比较优裕的生活条件。至于心理和精神层面，大多数家长则缺乏对孩子的必要呵护和关爱，主要表现在对孩子心理健康的关心和心理素质的培养不够重视。一方面，家长由于工作繁忙，忽略了与孩子的心理沟通和心灵交流，未能及时疏导孩子的情绪并对其开展教育；另一方面，有些家长素质偏低，很难了解孩子的心理特点及其发展规律。

六、家长教育能力不足

家庭是孩子成长的最初环境，家长是孩子的第一任老师。但是，由于一些人初为父母，缺乏家庭教育经验，从而较易出现种种问题。首先是一味娇生惯养，不能正确施教。改革开放以来，我国的人口与家庭结构发生了重大变化，“四二一”的家庭模式成为主流。在这样的家庭中，独生孩子成为整个家庭的核心，被视为掌上明珠，家长总是尽力满足孩子的一切要求，对其呵护有加，过分溺爱，但是，却忽视了自身教育能力的培养，在正确施教方面存在缺陷。其次是教育观念落后，缺乏现代教育能力。一方面，受传统教育观念的影响，不少家长仍坚持权威型家长制作风，不管孩子的兴趣爱好和个性特点，而以家长自己的想法对孩子进行教育，要求孩子按照自己设计的道路发展，以完成家长未实现的梦想。对于叛逆型的孩子，甚至采用体罚的方式，要求孩子无条件服从。在这种环境中成长的孩子，很容易形成明显的奴性，缺乏创新思维。另一方面，过分放任和放纵孩子，缺乏必要的管理和教育。最后是在现在的家庭教育中，不少家长缺乏以身作则的教育意识，不能给孩子树立良好的榜样形象。

七、休闲教育问题

我国实行双休日制度以后，孩子的休闲教育问题便被提上了议事日程。长期以来，人们总认为只有学习、工作才是“正业”，休闲则是“不务正业”。随着社会的发展和生产力水平的提高，假日越来越多，人们休闲的时间也越来越多。休闲成为当代的一种社会制度，是现代人生活方式的重要内容，也是人权的一部分。家庭是孩子休闲的第一场所，进行休闲教育的第一责任人便是家长。许多调查都表明，青少年中出现的违法乱纪行为，一般都是发生在休闲期间。因此，对孩子进行休闲教育，是当今家庭教育面临的一个重要任务。对孩子进行休闲教育，首先要明确休闲的目的和任务：一是松弛身心，通过休闲，使孩子紧张的情绪得到放松，劳累的身体得到休息。二是满足个人兴趣爱好，发展特长，使每个孩子的个性得到充分发展。三是进行社会交往，增进家庭成员之间的感情，密切朋友之间的关系。

孩子的休闲生活要讲究科学、道德、文明。一是要选择有益的休闲活动。有益的休闲活动可以愉悦身心、修身养性、陶冶情操、增加知识、强身健体。二是不要损害他人和公共的利益，不妨碍他人的休闲与安宁，注意保护环境，遵守社会秩序，尊重社会公德。三是不要污染社会风气，休闲生活的科学化、道德化、文明化，应当是我们永远的追求。[1]

第三节　我国家庭教育的发展趋势

现代社会在先进生产力和迅猛发展的新技术革命的推动下，各方面都呈现出前所未有的变革，其发展之快、领域之广、变化之深、成效之巨，实为人们难以预料。在这一背景下，我国家庭教育的发展趋势大致可概括为以下几个方面。

一、素质教育成为家庭教育的主旋律

20世纪末，中国教育界发生了一场深刻的变革，即由应试教育向素质教育转变。素质教育的大讨论及各级各类学校的素质教育实践活动，必然波及家庭教育，一些家长在家庭教育实践中已经自觉地由应试教育向素质教育转化。

素质教育是指一种以提高受教育者诸方面素质为目标的教育模式，它重视人的思想道德素质、能力培养、个性发展、身体健康和心理健康教育。它包括以下三个方面的基本内涵。

第一，素质教育是面向全体学生的教育，“不使一个学生掉队”而使每一个学生得到发展，是其出发点和归宿。

[1] 赵忠心．我国现代家庭教育的发展与演变［J］. 中华家教，2021：54-61.

第二，素质教育是一种全面性教育，目的在于摒弃应试教育的片面教育观，使学生在德智体等方面得到全面协调的发展。

第三，素质教育是使学生生动活泼地发展，发挥学生的主动性、创造性的教育。

随着21世纪进程的加快，素质教育是我们不得不面对的发展趋势。“全面推进素质教育是全社会的大事”“素质教育应贯穿于家庭教育的方方面面”的理念将进一步为家长所接受，素质教育将成为家庭教育的核心内容。在具体的家庭教育实践中，家长也该转变观念，把孩子的道德教育当成头等大事来抓，从孩子生活中点点滴滴的小事抓起，从纠正孩子的每个不良行为开始。21世纪家庭教育应该重视从小培养孩子的求知、生存、共处和做人能力，其中，以培养做人能力为核心。

二、道德教育成为家庭教育的主要内容

道德教育是家庭教育的首要任务。家庭教育具有与家庭关系上的情感性、与日常生活上的融合性、教育形式的多样性、过程上的反复性和时间上的终身性等特点。帮助孩子完成道德修养的提高，是家庭教育的核心任务，是每位家长应该努力的方向。

相对于学校教育和社会教育来说，家庭教育在塑造孩子的道德品质方面有着得天独厚的优势，家长的一言一行、一举一动，都将成为孩子模仿的对象，所以家长一定要从自身做起，凭借这种特殊的血亲关系、感情关系，来帮助孩子实现道德品质的培育和道德行为习惯的养成等，并且使这些观念、行为习惯能够纳入孩子经验体系和行为体系中，对其一生产生深刻的影响，成为其将来生活的参照系。

21世纪的道德教育与传统道德教育相比，在体系、内容上都应有所突破，培养健康心理，提倡人与自然、人与人和谐相处成为题中要义。

三、社区家庭教育是家庭教育新的增长点

中国人的教育思想一直受传统观念的影响，实行“关门教育”，即自己的孩子自己教，不允许别人插手，所以家庭教育与社区教育的联系

沟通很少。但是当拥有一个教育团体时，家庭教育也许会得到事半功倍的效果。

西方谚语“教育孩子需要一个村”高度概括了孩子成长与社区教育的关系。社区不仅是人们生活、居住的共同体，同时也是社会实现现代化的基础。在21世纪里，随着现代化建设步伐的加快，社区建设的力度将会明显加强，以“社区为主，政府协调，社会参与，共建文明，共育新人”为核心的社区教育模式，将对家庭教育产生重大的影响。健全的社区教育机制，使家长有机会接受各种家庭教育培训，讲究科学的育人方法；优美的社区环境，使家长带孩子走出家庭，学习知识，感受生活；文明的社区氛围，对家长的文明素养提出了更高的要求，使之成为孩子学习的好榜样。家庭教育走出家庭、融入社区，已成为21世纪家庭教育的基本走向。

四、家庭教育更注重个性化

个性化教育主要借鉴加德纳的多元智能理论，该理论认为每个孩子的优势和薄弱环节都是不同的，教育最重要的目标就是让每个孩子充分发展自己的个性。

每个人都是一个独立的个体，都有着不同的个性和特点。就像世人所说的，世界上没有两片相同的叶子，同理，每个人都有自己的发展方向，别人的经验我们只能借鉴，但不能照搬。作为家长，应该充分挖掘自己孩子的优势和潜力，并帮助他们在此方面有所作为，而不是一味地要他们向着整齐划一的方向发展。

21世纪的家庭教育以道德为核心，重在培养人的创造性，同时，更加关注孩子个性化的培养，强调生存交往能力是人获得成功的关键。

五、家庭文化多元化发展

进入21世纪，家庭文化发展打破了封闭、单一的传统模式，向开放、多样的现代化模式转变，包括家庭成员间形成平等民主的人际关系、亲子之间形成开放互动的相互学习关系、家庭生活中消费娱乐等开支占消费总额的比例越来越大。

六、孩子参与是家庭教育的关注点

21世纪的家庭教育更注重尊重孩子，注重倾听孩子的心声，强调孩子的参与要贯穿家庭教育全过程。在孩子参与过程中，家长需要给予其平等的对待。

（一）学会倾听孩子的心声

孩子和家长的地位是平等的，家长要学会倾听孩子的心声。作为孩子的倾听者，家长需要注意以下问题：在倾诉时，倾诉者的心理最脆弱、最敏感、最无助，倾听者只要有一丝的不耐烦或不屑，就会使他感到难堪，受到打击，尤其是孩子。所以，家长在倾听时要心无旁骛。

（二）向孩子阐述自己的观点

孩子毕竟还不够成熟，家长有时因急于纠正他们思想上的错误，会选择一些错误的方法，要注意，家长可以在倾听的基础上向孩子表达自己的观点，让自己成为倾诉者，孩子成为倾听者。家长以忠实听众的代价换来的必将是另一个忠实的听众。孩子会认真地听家长倾诉，在倾听中思考家长的话，接受家长的思想。

七、家庭教育规范化

长期以来，家庭教育被视为群众性的自发行为，或是学校德育工作的附属品，对家庭教育的研究以及对家庭教育知识的普及在一些人眼里只是“小儿科”。改革开放后，家庭教育事业有了很大的发展，家庭教育的社会地位逐渐提高，“教育是一项系统工程”“家庭教育、学校教育、社会教育是教育的三大支柱，三者缺一不可”等观点已成为全社会的共识，家庭教育已成为社会主义教育体系中不可或缺的组成部分。由于教育在推动社会进步中的突出地位，家庭教育由个人行为转变为政府行为的格局将会更加明朗化，国家将会采取更加有力的措施统筹管理家庭教育，设立权威性的家庭教育管理和指导机构，并提供家庭教育事业发展的专项经费。

八、家庭教育网络化

21世纪是一个网络时代。当计算机将一切种类的信息数字化，当传载信息的网络将社会每一个角落的人群联结起来的时候，人类的整个生存状态将发生改变，从工作、学习到娱乐，从经济、政治到文化，都将发生一次根本性的革命。互联网已开始走进大众家庭，它将为家长获取家庭教育信息带来极大的便利。互联网的开放性、互动性、专业性等特点，使家长在“弹指一挥间”就可以通过优异的信息平台，整合出有针对性的家庭教育信息，实施科学的家庭教育。例如，通过资源共享，家长可以迅速收集全国乃至全世界的家庭教育信息为己所用；通过网上互动，家长可以与专业人员深入交谈家庭教育中的疑难问题并且对症下药。互联网极大地拓宽了家长的视野，丰富了家庭教育的内容，必将成为家长搞好家庭教育的好帮手。

九、家庭教育与学校教育、社会教育的统合

21世纪，我国的教育从全局看，必须是面向现代化、面向世界、面向未来的教育；从教育系统看，必须是家庭教育、学校教育、社会教育紧密结合，形成一体化的教育。因为学校、家庭、社会构成学生成长的三维空间，在这个立体的空间里，来自各方面的信息都从多角度作用于少年儿童。三大教育的关系是：家庭教育是基础，学校教育为主导，社会教育是依托，彼此既相互独立又相互联系，从而构成一个完整、统一的现代教育体系。随着我国经济、社会的发展与进步，随着素质教育的全面推进，家庭教育、学校教育、社会教育相互沟通、紧密结合、协调一致，组成一个整体，形成一个合力，共同培养社会主义现代化所需要的高素质的全新人才，是教育现代化的必然趋势。

第三章　现代家庭教育的科学理念

第一节　现代家庭教育的理念探索

家庭教育的理念作为家长在价值判断基础上的一种能动选择，是家长对孩子及自己需求和利益的认识水平的反映，体现了家长的主观倾向和理性认识。这种主观选择和理性认识体现在家庭教育的诸多方面，诸如为什么要开展家庭教育活动，通过家庭教育活动将使孩子达到何种发展水平，在这种活动中，采取何种措施将更利于达到这个目标等。总体上来看，这些选择都体现了不同家长在三个方面的认识与判断，即什么样的家长是好家长，什么样的孩子是好孩子，好家长怎样的教育过程才有利于培养出好孩子，这就是家庭教育的家长观、子女观和家庭教育的过程观。

家庭教育的理念受社会文化和制度的制约与影响，并在不同的社会发展阶段和不同的国家具有不同的表现形式和内容。在古代社会，家庭教育服务于小农生产、维护封建家长制权威，家庭教育的理念就体现为权威的家长观、附属性的儿童观和规训性的过程观。在现代社会，民主政治、市场经济、多元文化和素质教育的理念，要求家庭教育的理念有相应的变革，这就是围绕培养现代公民，家长应该确立起民主平等的家长观、独立自主的子女观和教学相长的过程观。

一、确立起“教育有智慧、交往有魅力”的现代家长观

确立起什么样的家长观，是衡量家庭教育理念的首要问题。现代家庭教育对家长的知识、能力和人格提出了全新的要求，培养现代公民，首先需要家长具有现代的人格素养和能力素养。现代家长的能力素养区别于传统社会家长的能力素养。

在古代社会，家长的能力是先赋的，是社会伦理与制度对家长权力的赋予，孩子遵照和遵守家长的规范与约束是自明的、无条件的。在这样的社会中，家长的魅力在于家长的身份和家长的权力。在现代社会，家长的能力素养是自致的，是家长自我修养和提高的结果，主要表现为家长的能力素养和人格素养。家长的能力素养体现为家长的教育智慧与教育能力；人格素养体现为家长的人格魅力与人格品质。前者体现着家长在促进孩子成长中的能力和素养，后者体现了家长对孩子的感染与陶冶。

（一）家庭教育智慧是家长在促进孩子成长过程中形成的综合性实践能力

如果说教育孩子的知识，主要解决的是教什么的问题，那么，教育孩子的智慧，就主要是解决如何教、怎样教，以及遇到问题和困难应该如何应对的问题。如果说家庭教育知识解决的是掌握与不掌握、了解与不了解的问题，那么家庭教育智慧，解决的就是能与不能在家庭教育实践中运用的问题。因此，家庭教育智慧，是凝聚着家庭教育知识、情感和技能的综合性经验和能力。家庭教育智慧体现在以下方面。

1. 洞察和了解孩子的能力

洞察和了解孩子的目的不是窥探孩子的隐私，而是作为孩子监护人和培养人的家长促进孩子健康成长，提高教育针对性的现实需要。观察和了解孩子的外部行为容易，洞察内部状态却十分困难。不少家长自以为每天和自己的孩子在一起，对自己的孩子很了解，甚至有的家长觉得孩子与自己“无话不说、无话不谈”，对孩子已经非常了解了，但当

孩子出现大的错误和差错的时候，他们却觉得不可思议。这说明，家长了解和观察孩子，特别是了解和观察孩子的内心世界是一件十分困难的事情。特别是随着孩子年龄的增长，孩子的行为和心理的“隐蔽性”增强，家长了解孩子的难度加大。

家长了解和洞察孩子的所思、所想、所盼、所困，对于提高家庭教育的效果具有重要作用，为此可以从两个方面努力。一是要主动接近和走近孩子。孩子在年幼时，对家长有着较强的依恋性，这是家长了解孩子的前提和基础。随着年龄的增长，特别是到了青春期，孩子独立意识不断增强，要求摆脱家长的约束。在这一发展阶段，家长应主动接近孩子、关心孩子，争取多参与孩子的活动，特别是尊重孩子的兴趣和选择，与孩子在闲谈和聊天中，讨论共同感兴趣的话题，创造和谐愉悦的交往环境，消除孩子的抵触情绪和戒备心理，让孩子在无意识的聊天中，在随意性的活动中表达自己的真实情感和观点，而家长正是在这种无意识和随意性的活动中，获取孩子的观点和想法。二是全面观察孩子的言行和思想情绪。家长要擅长做观察孩子的有心人，要在日常的衣食住行中，观察孩子的一般表现与“异样”表现。家长要善于观察孩子在语言、情绪、交往、习惯和行为方式中的各种特征，针对特殊的表现，结合生活中的事件和事实进行分析和判断，以便在孩子产生新的不良行为之前采取干预措施和对策。诸如，当一个每天回家兴致勃勃讲述学校发生故事的孩子，突然回家不愿意交流，表现出沮丧的情绪时，家长要分析其是不是在学校里遇到什么不愉快的事情；当一个经常抵触和顶撞家长的孩子回家突然变得顺从和听话时，家长也要引起注意，分析其是不是最近犯错误了等。这种基于经验的观察、分析、推理和思考，是做好家庭教育工作的重要的智慧和品质。❶

2. 抓住教育契机，提高分析问题和解决问题的能力

教育是一种生活，也是一种经验，特别是在家庭教育中，教育与生活相互交融，彼此不分。家庭教育与生活中不可避免地要处理各种矛盾

❶ 丁俊兰．现代家庭教育的理论及发展展望［M］．昆明：云南美术出版社，2018：73.

与问题。这些矛盾和问题既给家庭教育提出了挑战，也为家庭教育提供了契机。家长如何面对矛盾和问题，进行合理的分析和化解，是家长的另一种智慧与品质。

所谓分析问题的能力，主要是指家长对获取的信息进行分析和概括，做出切合实际的分析和判断，找到发生问题的原因的能力。孩子身上出现某一问题，原因常常是多方面的，有主观、直接的原因，也有客观、间接的原因。这要求家长做好认真的分析和梳理，不能主观臆断。例如，孩子学习成绩下降，有可能是因为其上课不能用心听讲，有可能是因为其对该门功课不感兴趣，也有可能是因为其最近身体状况不好等，家长要结合孩子表现做综合分析，切不可不分青红皂白简单训斥，甚至是谩骂和殴打，其结果是非但解决不了问题，反而加剧了孩子抵触情绪。提高家长分析问题的能力，要求家长首先要养成全面看待问题的习惯，要从孩子的生活、学习、交往、情绪、身体等各个方面去分析和思考问题。其次要求家长要具备丰富的家庭生活经验和理性的反思能力。丰富的家庭生活经验建立在家长与孩子密切接触与多方面互动的基础上，一个高高在上、很少与孩子交流和沟通的家长是很难获得实践性家庭经验的，对发生在孩子身上的问题和现象就缺少洞察和分析的基础。家长的反思能力，要求家长避免先入为主，避免主观臆断，建立起全方位、多角度的思维习惯。

所谓解决问题的智慧，是指家长针对孩子教育和生活中的问题，通过一定的方式和方法，采取一定的措施和手段，促使孩子转化思想、改变行为和取得进步的技能与技巧。处理问题的智慧首先表现为理性。孩子身上出现的问题及其原因复杂多样，这就要求家长要避免极端，既不能袒护护短，大事化小，小事化了，听之任之，特别是对于那些涉及品德和社会公德的问题，不能随意对待，简单处理；也不可草木皆兵，大动干戈，火冒三丈。即使是严重的问题和错误，也不是靠发脾气、拍桌子、动板子就能简单解决，要求家长认真分析，查找原因，寻找时机进行解决。家长在处理和解决问题时还应有耐心。家长面对的是有血缘关系的教育对象，这种教育对象的特殊性，既是教育的良好条件，又增加了家庭教育的难度。面对疼爱和关爱自己的家长，孩子容易表现出两种倾向，一是通过衰达痛苦、伤心、委屈等消极情感，博得家长的同情与心软。二是通过立竿见影地改正错误行为，甚至是为自己的缺点寻找“美丽”的借口“伪装自己”，转移家长对问题严重性的注意力。这两种“速成式”的解决问题的方式都不利于问题的真正解决，不利于孩子的健康成长，需要引起家长的重视。总之，家长面对问题时要有耐心、有恒心、有信心，通过长期观察、主动分析、耐心帮助，持之以恒地关注孩子的成长，抓反复、反复抓，促进孩子健康成长。

（二）家长的人格魅力和威望是成功家庭教育的先决条件

家长的人格魅力是家长开展有效的家庭教育的先决条件，这是因为，家庭教育具有潜移默化的作用，家长与孩子的全领域、生活化接触，使家长对于孩子而言，缺少了“神秘感”，家长对孩子的影响是潜移默化的。家长的命令、权威和管制固然有一定的作用，但真正对孩子起作用的还是家长“无意识”表现出来的言行和举止，真正让孩子心悦诚服的还是家长的人格、性格和威信。家长的人格魅力，就是家长的威望和威信，是孩子发自内心的一种意志服从，区别于外在压力下的意志服从。家长的人格魅力主要体现在孩子尊重、爱戴和信赖家长，能自觉自愿地接受、听从家长的建议，甚至是善于“揣摩”和“猜测”家长的心理和观点，不断地去迎合家长的意愿和观点，当然这种“揣摩”和“迎合”是建立在家长良好的品性和人格素养的基础上的。家长的人格魅力和个人威望是孩子成长的无形教育力量，是孩子纠正错误、促进发展的内在驱动力。正如马卡连柯所言：威信本身的意义就在于它不需要任何论证，在于它是作为一种不可怀疑的长者的尊严被接受的。成功的家庭教育无不是家长人格和威望对孩子影响的结果。

家长的人格魅力和威信，不是建立在强制和强权的基础上，而是建立在家长和孩子之间平等民主的关系的基础之上，建立在孩子的尊重与信任的基础上。家长建立起良好的人格魅力和威望需要注意以下几个方面。

1. 要改变权威式、命令式的家庭教育方式

这种方式企图通过重压和高压获得威信和威望，但常常是事倍功半。这种方式在现实中有很多表现，诸如有的家长为一些无关紧要的小事或非原则性问题，对孩子大发雷霆，甚至是训斥谩骂、拳脚相加；有的家长为了维护自己的虚荣心和面子，自以为是，高谈阔论，夸夸其谈；还有的家长以物质刺激为诱饵，诱导孩子听话和顺从；还有的家长通过“打击”“贬低”或“训斥”配偶的方式，树立自己的威信。这些做法均不可取，不仅提高不了自己的威信，反而会让孩子蔑视与反感，降低了自己的威信。

2. 要注重在细节处为孩子做好表率

所谓细节处为孩子做好表率，是指家长为孩子的表率不是体现在“大是大非”问题和“高谈阔论”上，而是体现在生活和交往的方方面面，在细微处见人格，在细节处树威信。因为孩子和家长的感情最深厚、最真挚，他们相信、崇拜、仰慕自己的家长，家长在日常生活中处处严格要求自己，事事起表率作用，要求孩子做到的，自己首先做好，这样孩子就会更加相信、尊重、仰慕和崇拜自己的家长，就乐意按照家长的意志行事。家长支持的事情，孩子就乐意做、自觉做，家长反对的事情，孩子就会抵触和反对，并坚决拒绝去做，这就是家长人格魅力和崇高威望的力量所在。

3. 家长必须和孩子建立起民主平等的关系

家长和孩子虽辈分不同，但在人格上并无高下之分，都是平等的。家长不要以为对待孩子居高临下，高出一等，才算有威信；不要以为事事独断专行，才算有权威。家长和孩子讲民主平等，孩子看到家长没有摆架子，尊重自己，才会亲近家长，才会相信家长，才会有话愿意跟家长讲，有事愿意跟家长商量。教育孩子最好的方式是平等对话，共同讨论，共同协商，努力做到使教育内容和教育方式都能为孩子所接受。孩子自己的事，尽量听取孩子的意见，让他们自己做主，自己支配自己的言行。家里的事情，也尽可能让孩子参与，给他们发表意见的机会，并

注意倾听他们的意见。家长可以对孩子提出要求和建议，孩子也可以向家长提建议，家长犯了错误也要向孩子表示歉意，这样不但不会降低家长的威望，反而给孩子以真诚的印象，提高家长的威信。

二、确立起“培养人格健全、独立自主现代公民”的教育目的观

现代社会的最大特点在于变革，这种变革体现在制度、文化、经济和技术的各个层面。家庭教育不但承担着为一个未知和不确定的世界培养一个适应者的责任，更承担着为这个未来的世界培养一个变革者和改造者的责任，这需要家庭教育改变既往仅仅关注个体适应能力、关注个体知识和技能的片面教育目的观，确立起“培养人格健全、独立自主现代公民”的教育目的观。

（一）在现代公民的培育中，家庭教育中的人格教育超越智力教育

在现代家庭教育中，不少家长在浮躁与物欲的社会背景下，越来越偏重于孩子智力的发展和技能的提高，似乎孩子的分数和所读的学校决定着孩子的发展，决定着孩子一生的命运。这在家庭教育认识中是一种严重的偏差。智力、分数、学历虽然重要，但是，纵观人类历史，绝大多数的成功者和那些被人们敬佩与牢记的人一定有着丰富的人性和情感，他们有责任感，有同情心，有关怀感，有博爱心，他们能自制，能付出，能分享，能够与人合作。而责任、爱心、自制、合作、付出等均属于人格范畴，不属于智力范畴。

特别是进入21世纪的今天，人类社会已经由过分重视科学技术发展到在崇尚科学的同时，关注人的发展质量和发展水平，即注重以人为本。家庭教育作为培养和造就社会合格人才，以促进个人福祉和社会完善的事业，自然应当全面体现以人为本的时代精神。因此，现代家庭教育应强调以人为本，把重视孩子、理解孩子、尊重孩子、爱护孩子、提升孩子和发展孩子的精神贯注于家庭教育的全过程。现代家庭教育在关

注孩子的现实需要的基础上，更应关注孩子的未来发展；在关注孩子的能力发展的同时，更应重视孩子自身的价值及其实现，并致力于培养孩子的自尊、自信、自爱、自立、自强意识，不断提升孩子的精神文化品位和生活质量，从而不断提高孩子的生存和发展能力，促进孩子自身的发展与完善。唯有如此，才能真正促进孩子的生活幸福。

（二）在现代家庭教育中，孩子创新能力的培养超越适应能力的培养

传统家庭教育向现代家庭教育转型的重要特征，就是实现由适应性教育向创新型教育转变。因为适应性教育假设人类社会具有守旧性和僵化静止性，适应性教育假设孩子是被动的学习客体，是知识的接受者，因而，家庭教育的任务是掌握和吸收人类创造的知识和能力。而现代社会作为信息社会和知识经济社会，最重要、最典型的特征就是创造性和变革性。与此相关，现代教育将孩子看成独立自主的学习主体，他们不仅是知识的吸收者和学习者，而且是知识、思想和智慧的创造者和更新者。因此，现代家庭教育应该将家庭教育的过程看成一个点拨、启发、引导和指导的过程，是培养学生创新、创优和实践能力不断提升的过程。为此，家长应确立起以下两种理念。

1. 确立起尊重孩子独立性的理念

确立起孩子具有独立性的理念和尊重孩子的理念互为因果，尊重孩子，就是尊重孩子的独立性，只有尊重孩子，孩子才具有独立性；家长重视孩子的独立性，就是对孩子最大的尊重。相反，即使家长对孩子关爱有加，甚至是过度关心，如果不能尊重孩子的独立性，孩子的发展依然是被动的、“去主体化”的，也就不可能有真正的发展。家长应认识到孩子虽然因自己而来，但他是一个独立的个体和主体，有自己独立的人格和需求，有着自己的未来和理想。因此，家长和孩子之间不仅有教育者和受教育者的关系，而且有平等的人格关系。家长尊重孩子的主动性、独立性和自主性，就是尊重孩子的发展权和选择权。只有这样，家长才能够理智地因材施教。而把孩子看成附属品、私有财产的家长，在

教育中往往忽视孩子的独立性，将自己的意见强加于孩子，感情用事，对孩子要求过高、过严，采取专制、粗暴的教育方式，这都不利于孩子的成长。

2. 要确立起尊重孩子独特性的理念

家长的儿童观是指家长对儿童的权利、地位和发展规律的看法，它直接影响着家长对孩子的教养态度和教养方式。对于家长而言，也许他们并不能很清晰地用语言阐述自己的儿童观，但基于每一位家长的价值判断、经验思考和理性认识，每一个家长心中都有一个“理想儿童”的形象，这个理想儿童的形象就是家长的儿童观。这一儿童观指导着家长的教养方式。作为家长，不仅要认识到孩子作为独立的个体，有不同于成人的发展特点和发展规律，而且要认识到每个孩子都有区别于其他孩子的特点，即孩子之间存在个体的差异。这主要是基于不同孩子的遗传素养、特殊经验和不同教育文化影响的结果。家长要充分发现和尊重孩子的特长和特性，鼓励孩子将自己的独特性和个性表现出来，鼓励孩子以其自己的速度成长，不盲目攀比，更不可用自己孩子的弱项去比较其他孩子的强项，对孩子提出过高和不切实际的要求。过高的要求容易给孩子带来挫折感和失败感，背离了家庭教育的愿望。因此，家长应该在尊重孩子的人格、爱好、兴趣和水平的前提下，引导孩子展示个性，循序渐进，健康发展。

三、确立起“亲子间教学相长、共同成长”的家庭教育过程观

父母与孩子这两个主体之间的关系是家庭教育的各种关系中一对最基本的关系。父母的教是为了孩子的学，是为了孩子的发展和成长；孩子的学习又影响父母的教育。两者相互依存，缺一不可，互为条件。父母是教育活动的组织者、协调者和指导者。孩子在家庭教育活动中也是教育的主体，任何对孩子的影响和要求，都必须通过孩子的认可、理解和接受才能转化成他的发展。因此，家庭教育要顺利开展，就要求在父

母与孩子之间，在教与学之间建立起相互协调、相互配合、相互促进的关系。这就要遵循家庭教育的教学相长原则。

（一）改变孩子应该先从改变家长做起

家庭教育的首要工作是“如何对家长进行教育”，如何让家长了解孩子的心理成长过程，如何让家长在孩子出现问题时，能够有意识地主动发现自己的问题，先调整好自己。能做到这几点，家庭教育才具有真正的价值。

父母是孩子的第一任老师，在社会生活中，并非人们结了婚，生了孩子，成了别人的父母就能胜任家庭教育工作，就能理所当然地当好自己孩子的父母和第一任老师。要胜任家庭教育工作就要不断学习。在现实社会生活中，孩子已经几岁了，夫妻对怎样教育好孩子还知之甚少的依然大有人在。这样的情况，不进行学习不可能搞好家庭教育。在当前，有相当多的家庭之所以没能搞好家庭教育，就在于家长素质低，又不善于学习或没有学习的兴趣和条件。这种情况是与现代家庭教育极不适应的。要搞好家庭教育，就必须教学相长，在教中学，在学中教。

信息社会、网络社会，使知识的普及和传递具有了高度的流动性和发散性。传统社会中成人和家长作为唯一权威的知识生产者和传递者的情况已经发生了革命性改变。这就是玛格丽特·米德所说的“并喻文化”和“后喻文化”，以及国内学者概括的“反向社会化”，这一特点正在成为我们这个时代的文化特点。孩子具有极强的接受力和对一切新生事物特有的敏感性，加上现代信息传媒的发达，家长们常常在许多方面滞后于孩子，因为孩子们从各种途径所获取的知识，远远超出了成人固有的知识。孩子们的眼光、见识、行为，也常常超出家长可预想、可控制的范围。如果家长抱残守缺，固执己见，不能及时地学习和更新自己，不能不断地给自己充电，就会在知识上、观念上陷入被动，造成家长和孩子间的缺乏理解甚至造成沟通上的失语。家长应该基于孩子的成长背景，从社会发展的角度，以变化的、动态的、前瞻的眼光看待孩子，感知他们的心理世界。无论是从家长个人发展的立场，还是从孩子成长的角度来看，家长都应该虚心向自己的孩子学习。特别是当孩子走进学校、步入社会之后，往往能通过多种渠道并先于家长获得许多新知识、新理论、新思想、新信息。在这种情况下，家长要获得进步，就要向孩子学习。这种学习，甚至要做到不耻下问。只有如此，家长才能在家庭教育中做到教学相长，并在此过程中，影响孩子，使他们养成虚心向别人请教、不耻下问的学习态度。

在现代家庭教育中，教学相长的原则是普遍适应的。它不仅存在于知识较少、家庭教育经验还不丰富的年轻家长的家庭中，也存在于接受过较高层次教育、家庭教育经验丰富的中老年家长的家庭中；不但存在于工农家庭中，也存在于商人、干部、知识分子等各类家庭中。总之，在一切具有家庭教育任务的家庭中，只有切实做到教学相长，才利于家长和孩子的共同进步。

（二）家长的榜样和示范有利于促进家长与孩子共同成长

家长以身作则、给孩子树立好的榜样，这是无声的语言，是最有说服力的教育。家庭教育是家庭中的父母或其他年长者在家庭内自觉地、有意识地对孩子进行的教育；同时含有不自觉地、无意识地对孩子进行的教育。前者是家长有目的地对孩子施加的影响，后者是指孩子在家庭环境中受到家庭成员的潜移默化的影响。家庭作为孩子接受教育的第一所学校，使家庭教育对孩子的发展具有了不同于学校教育和社会教育的独特优势，从这个意义上来说，父母就是孩子的第一任老师。父母与孩子接触最早、接触时间最长，孩子的大部分时间都在父母的抚养和家庭成员的影响之中。因此，家庭成员特别是父母的道德品质、生活方式、语言行动等无不影响着孩子。此外，家长对孩子的心理发展有着不可低估的影响。家长身上的优点、长处或弱点、短处，直接影响孩子的行为方式、心理发展和个性形成。不管家长是否意识到，他们的言行每时每刻都对孩子产生着影响，孩子将无法选择地、无意识地加以模仿甚至是接受。马卡连柯说过：“不要以为只有你们在同儿童谈话或教育儿童、吩咐儿童的时候才是教育，你们生活的每时每刻，甚至你们不在家的时候也在教育儿童。你们怎样穿戴，怎样同别人谈话，怎样议论别人，怎样欢乐和发愁，怎样对待敌人和朋友，怎样笑，怎样读报——这一切对儿童都有着重要意义。”从这个意义上说，家长的以身作则，对孩子成长所起的作用是巨大的。

家长的身教不但是提高家庭教育效果的前提，从某种意义上来说，家长以身作则也是一种教育目的。这是因为，家长的以身作则，不但实现了家长提高自我素养的目的，也通过这种自我发展影响着孩子的成长和进步，从而实现了家庭教育的目的。

有些家长，不在加强自身修养上下功夫，不注意以身作则，却单纯指望能找到一种“巧妙”的方法，设想只要一使用这种方法，就可以把懒汉教成热爱劳动的人，把恶棍管教成诚实的公民。针对这种想法，卢梭也指出：“我不能不反复地指出，为了做孩子的老师，你自己就要严格地管束你自己。”

许多事实证明，家长做某一件事，说某一句话，本不是有意做给孩子看的，也不是说给孩子听的，可孩子偏偏学了你的样子。日常生活中，这种现象常常发生。有时候，家长有意做给孩子看的，孩子偏不看；家长有意说给孩子听的，孩子偏不听。所谓“视而不见，充耳不闻”。而家长不希望孩子看的、听的，他们往往都注意看、注意听了。这是什么原因呢？我们平时欣赏文艺作品和文艺节目时，往往有这样一种体验：越是真实的东西，对人的吸引力、感染力越强。这是因为真实的作品和节目真实地反映了现实，有真情实感，容易引起读者和观众的共鸣。这和教育的道理是相通的：在日常生活中，家长无意的言行，是家长人格的自然流露，自然对孩子的吸引力和感染力要大。

家长的以身作则，并不是说在平时“注意一点”就行了，而是要求家长时时、处处、事事都要严格要求自己，给孩子树立好榜样。要做到这点，家长必须从根本上加强自身修养。家长还必须明白，以身作则并不是说家长像演员那样是给孩子“表演”，而是要求家长用自己的人格教育和影响孩子。

第二节　现代家庭教育的多种原则

家庭教育原则是家庭教育过程中必须遵循的准则和客观要求，掌握科学的家庭教育原则和方法，是提高家庭教育水平、保证家庭教育质量的需要。

一、正确导向原则

正确导向原则是指在家庭教育中，家长应坚持以正确的价值观对孩子的身心发展施加教育影响。但家长的教育行为受多方面因素的影响，如社会地位、人生哲学、个人性格、榜样示范等。其中，家长对人生的看法，决定着教育孩子的方向。家长的价值观受历史和社会所制约，并与其思想水平、社会生活环境、文化程度、职业特征、个性特点有密切关系。

家长的教养态度和方式是家庭教育价值导向的具体体现。家长要与孩子平等相处，关心他们的进步，注重情感交流，形成和谐、融洽的亲子关系；注重耐心说服、循循善诱这种民主型的教养态度和方式，这才是现代化价值导向在家庭教育中的具体反映。家长要注意调整一些不恰当的教养态度与教育方式，溺爱孩子、虐待孩子或是冷漠忽视孩子，都会给孩子带来不良的影响，甚至影响孩子终身的发展。

家庭的教育价值导向，决定着家长的教育态度和教育方式，同时决定教育效果。孩子身心健全发展、开朗热情、独立自主、情绪稳定、善于交往、开拓创新等良好的个性品质，都是家长导向正确、采用良好的教育态度和方式的结果。

二、严慈相济原则

严慈相济，广泛地存在于古今中外一切成功的家庭教育中，是成功的家庭教育能成功的基本奥秘，也是对一切家庭教育的基本要求。

严、慈，在我国历史上分别是对父、母的省称和尊称。在我国历史上，人们在与外人讲话时，对自己的父亲一般可称为“家严”“严父”或简称为“严”；对自己的母亲一般可称为“家慈”“慈母”或简称为“慈”。严，即严厉、严格、威严之意；慈，即仁爱、慈祥、含恻隐之心。家庭教育中的严慈相济，既指父母亲的相互配合，对父母的任何一方而言，又都要做到严格要求与慈爱关怀相配合。一切成功的家庭教育必须做到父与母相配合，严与慈相结合。

（一）严格要求，持之以恒

所谓家长应该“严格要求”孩子，就是说，在家庭教育中，家长要切实担负起对孩子发展和成长的责任，提出并落实一系列适当的教育要求，帮助孩子形成良好的生活习惯和坚强的意志品质，促进孩子全面发展。

没有要求就没有教育，家长对孩子的严格要求是家庭教育的题中应有之义。在家庭教育中贯彻严格要求的教育原则，是由孩子身心发展的特点和未来社会发展的需要决定的。就身心发展的特点来看，孩子身心发展具有不稳定性、不成熟性、自觉遵守道德原则和规范的能力较差等特点。无论在知识能力方面，还是在道德情感方面，他们都离不开成人的引导和帮助。从未来社会发展的需要来看，作为未来社会共同体构建的参与者和特定职业的岗位工作者，需要遵守各种规则和要求，这些规则和要求的遵守，必须从儿童时期抓起。此外，在社会竞争日益激烈，生活节奏日益加快，个人生活、职业不确定性因素日益增多的现代社会，良好的意志品质和较强的抵抗挫折能力，日益成为个体发展的重要品质。而在家庭生活中对孩子提出严格的一以贯之的要求，是养成这些品质的重要途径。

（二）理智施爱，爱而不溺

家长爱孩子，是人的天性，也是人之常情。爱是一种内心体验，是一种积极而强烈的感情，表现为一种倾向、一种态度，从而形成一种积极的推动力量。家长之爱给孩子以亲切感、幸福感。然而，爱孩子也是有学问、有讲究的，不是所有的爱都有积极的促进作用。战国时期的思想家韩非说道："人之情性莫爱于父母。"同时，他又说："皆见爱而未必治也。"这两句话的意思是说，父母对孩子的爱是其他任何人的爱都不能比拟的。虽然父母都特别爱自己的孩子，但不见得都能教育好孩子。事实确实如此。父母要使自己的爱对孩子的成长有积极作用，必须对孩子施以正确的爱。

爱孩子的动机和效果要统一。家长爱孩子，究竟是为了什么？人们会说，当然是为了孩子好，使孩子过得更幸福。然而，在实际生活中，许多家长对孩子的爱，并没有使孩子过得幸福，反而害了孩子，给孩子造成了痛苦。有的家长为了让孩子生活得舒服，对孩子的穿戴、吃喝，照顾得无微不至。秋季担心孩子受寒生病，给孩子加衣服比其他孩子早一个季节；平时最怕孩子生病，孩子突然咳嗽几声，就特别紧张，过分小心，惶惶不可终日，一趟一趟地跑医院。饮食方面，害怕孩子营养不足，孩子吃饱了，还要硬往嘴里塞。家长以为这样对待孩子就是爱，对孩子有好处。其实效果恰恰相反。对孩子的身体健康越是担心，越是娇生惯养，孩子的身体状况就会越糟。比如，因害怕孩子生病，就不让孩子出门进行户外活动，而是整天把他关在屋子里，不让孩子经受锻炼，他的抗病能力必然很差，天气稍有变化就会得病。越怕孩子营养不良，每天填鸭似地给孩子塞营养品，孩子反而越会出现厌食、挑食、营养不良等毛病。

同样，对孩子的教育，如果只讲动机，而不考虑后果，也是有害的。比如，在孩子上学后，家长每天帮孩子收拾书包、文具，担忧孩子丢三落四，带不齐学习用具，学习受影响；在孩子做完作业后，家长每天代替孩子检查。家长这种做法，动机是好的，想让孩子学习成绩好，但家长没有想到，这样包办代替，会养成孩子的依赖思想，很难使其养成良好的学习习惯，对孩子的学习最终是有害的。

三、启发诱导原则

在家庭教育中，家长要承认孩子在学习成长中的主动地位和独立人格，要注意调动他们的积极性、主动性和创造性，引导他们自觉地努力，形成和发展良好的个性品质。启发诱导就是运用精神奖励、物质奖励、信息诱因、恰当期望等激励因素，激发孩子的行为动机和为达到目标的意志。家长需要用理性的引导来处理孩子的问题，而动辄打骂或用大量物质作为奖励的办法是不符合教育孩子的原则的。

四、教育一致性原则

家庭教育应将来自各方的教育影响加以协调，使家庭成员的教育价值观、教育要求、手段、方法统一起来，前后贯通，从而保证孩子的个性品质按照正确的培养方向发展。家庭成员对孩子态度应一致，教育要求与学校要求应一致。家庭教育一致性的基本要求是：首先，家庭成员间的教育目标和教育要求要一致，及时互通情报，共同研究孩子的教育问题，互相配合，彼此维护威信。其次，家长应主动创造对孩子教育的良好环境，配合学校，加强对孩子的学习辅导和生活辅导。家长要特别重视孩子身心发展的关键期，及时开发智力、培养个性，要主动配合学校对孩子进行青春期教育。家长要注意研究孩子的身心发展特点，做到教育前后连贯衔接，对孩子的基本要求一致。如果祖父母和父母一代，或者父亲和母亲的教育方式不一样，孩子的行为常规将难以建立，是非对错将容易混淆。

五、“成人教育”与“成才教育”并重原则

在家长心目中，存在这样的教育误区，即普遍重视孩子的“成才教育”，忽视“成人教育”，认为学业成绩优秀就是“成才”，就是“成人”。在现实生活中，具体表现为：特别关注孩子知识的学习和学业成绩，忽视德育、体育、美育和生产劳动教育，忽视能力和心理素质的培养；特别关注孩子做作业，除完成学校作业外，还要求甚至强迫孩子参加各种辅导班、提高班，加重孩子的课业负担，妨碍孩子积极主动地学习；以考试分数作为评价孩子的唯一标准，挫伤孩子学习的主动性、积极性和创造性，影响其全面素质的提高。这些都是应试教育的产物，与

现代教育观、人才观相背离，与教育目标相背离。

因此，家长在进行家庭教育时，必须重视“成人教育”，将“成人教育”与“成才教育”并重。“成人教育”与“成才教育”并重是指不仅要培养孩子成为各行业的人才，而且要把孩子培养成为遵守社会规则和道德，且身心健康发展的个体。一个孩子只有在“成人”的基础上才能“成才”，甚至“成人教育”在一定程度上比“成才教育”更为重要。

要做到“成人教育”与“成才教育”并重，就需要家长转变教育观念，充分认识到“有智无德”的人是“危险品”，绝不能只关注“成才”而忽略“成人”。家长要逐渐培育正确的家庭教育观，摆脱“学而优则仕”的官本位教育理念，形成培养普通快乐人的教育观念，同时，注意培养孩子的拼搏精神，既重视智力的发展，也关注孩子心理的健康发展。

六、随机性与连贯性相结合原则

家长在家庭教育过程中，一方面要遇物则诲、择机而教；另一方面要始终如一、常抓不懈。

所谓随机性，就是对孩子的教育，要充分发挥家庭教育不受时间、空间、方式限制的优越性，善于把握教育的时机，利用一切可以实施教育的机会灵活机动地对孩子施以教育，把教育与日常生活有机地融为一体。所谓连贯性，就是对孩子的教育要始终如一、持之以恒、常抓不懈。人格塑造是一个复杂的系统工程，需要有一个长期的连贯的塑造过程，单凭一时的激情和冲动，难以达到预定的目标。连贯性还具有统一性的意义，即这个长期的教育过程标准是一致的。因而家庭教育的随机性还要与连贯性有机地结合，只有这样才能收到理想的效果。

七、因材施教原则

因材施教原则是指家庭教育要针对教育对象的年龄、个性特点等具体因素，采取和选择不同的教育方式方法，促进家庭成员，特别是孩子的个性发展。家长对孩子的教育，要从孩子的年龄、性格特征、生长发育状况等实际出发，根据孩子的个性差异和具体特点，有的放矢地实施不同方式的教育。贯彻因材施教原则必须把握以下几点。

一是全面深入地了解孩子。如果教育者希望从一切方面去教育人，那么就必须先从一切方面去了解人。了解是教育的基础，家庭成员之间朝夕相处，家长对孩子知之甚深，容易进行有效的教育，收到良好的效果。家长对孩子的了解是全方位的：在时间上，孩子的过去和现在没有谁比家长更清楚；在空间上，既了解孩子在家中的情况，又清楚孩子在校内外的表现；在内容上，既了解孩子各个阶段在德、智、体、美、劳等诸方面的发展情况，又掌握其身心健康、生理变化和智力发展、兴趣爱好的情况；既了解孩子的进步、成绩、荣誉，又深知其挫折、失败、问题和教训；既了解他的言行举止，又对其内心情绪、思想变化一目了然；既能运用观察、谈话等多种方法，多渠道地对孩子进行了解，又能用爱的教育感化孩子。家长根据自己对孩子的全面了解，根据孩子的能力特征、个性差异和当前的思想实际，提出教育要求，确定教育内容，选用教育方法，实施家庭教育，可以为孩子的成长奠定良好的基础。[1]二是尊重个性特点，科学实施指导。个性是指一个人经常表现出来的、比较稳定的个体心理特征的总和。它包括个性倾向性（如需要、动机、兴趣、理想、信念和世界观等）与个性心理特征（如能力、气质和性格等）两大部分。每个人都有其独特的个性特点，家长应对孩子的个性给予正视和尊重，不能强制孩子服从自己的意愿、抹杀压制孩子的个性、遏制其健康快乐地成长。三是特殊孩子要特殊培养。对特殊人才进行特殊培养，这是因材施教的基本要求。心理学工作者的调查结果表明，智力是按照正态曲线分布的，两头少，中间多，也就是说，智力超常者和智力低下者都是少数，正常智力者居多。为此，必须考虑少数智力超常者和智力低下者的教育问题，特别是他们的家庭教育，要根据他们的特点、特殊性进行教育，以发挥他们的特长，继而把他们培养成祖国需要的人才。除了智力的个体差异外，在教育过程中，要关注有特殊需要的残障儿童，通过实施特殊教育，使他们得到发展，同时家长在家

---

❶ 潘士君 . 当代家庭教育［M］. 沈阳：东北大学出版社，2016：44.

庭环境中对他们实施爱的教育，有针对性地训练和帮助他们尽可能地健康成长。

八、全面发展原则

遵循孩子身心发展规律，实施德智体美劳全面发展的教育，把家庭教育归宿落实到为国家培养合格人才的基点上，做到诸育有机结合，不能偏废。

在家庭教育实践中，家长往往只重视孩子的智力发展，而忽略了其他几个方面的发展，或者认为家庭教育就是教孩子知识，让孩子学习，这种认知是片面的和错误的。其实，智力开发固然重要，但不是家庭教育的主要内容，更不是唯一内容。如果把家庭教育比作一个人，那么智育是脊梁，德育是大脑，美育是臂膀，体育和劳育是双腿，缺一不可。我们只要稍微反思一下周围发生的有关事情，就不难理解全面发展的重要性：有的孩子高分低能，生活能力和自理能力极差，不能适应成人生活，甚至由于对家长的依赖性太强而无法独立生活，有的上了大学也不得不退学回家；有的孩子身体素质差，弱不禁风，承受不了繁重的学习和工作；有的孩子存在严重的心理障碍，表现出极端行为……所有这些，主要是家庭教育的片面发展造成的。

因此，我们应该让孩子在发挥自己优势智力的基础上，使其他几种智力全面发展；在发展智育的同时，积极发展体育、德育、美育和劳育，使孩子成为真正幸福的人。

第三节　现代家庭教育的基本方法

家庭教育方法，是指为完成家庭教育的任务所采用的具体手段，即家长对孩子实施教育时所采取的各种影响方式的总和。

家庭教育方法有科学与否之分。能否掌握并创造性地运用科学的教育方法，关系着家庭教育能不能顺利进行，影响着家庭教育效果的好坏，决定着家庭教育的目的和任务能否实现。

家庭教育方法是以家庭教育的特点、目的和原则为依据的。教育与生活的统一性和血缘伦理的权威性，决定了环境熏陶和榜样示范等方法在家庭教育方法体系中的重要地位。我国家庭教育的目的，侧重于思想、品德的培养和性格习惯的养成，即“怎样做人”的教育。因而家庭德育的方法不仅在家庭教育中具有悠久的历史传统，而且较为成熟和完善。

家庭教育方法与家庭教养方式有密切关系。在家庭亲子关系和家长教育观基础上形成的教养方式，往往影响着家长对教育方法的选择和运用。家庭教养方式一般概括为四种基本类型：第一种，独裁、专制型。相应的教育方法多为强制压服、训斥打骂和禁止管束。第二种，保护主义型。相应的教育方法为无原则的赞许肯定，或以慈爱的形式出现的限制。第三种，放任自流型。相应的教育方法为毫无控制的自然后果法。第四种，民主合作型。这是最佳的教养方式，相应的教育方法为榜样示范、说服教育、正面表扬、鼓励为主与恰当的批评惩罚相结合。如果家长在教养方式上存在矛盾，那么，教育方法就无一定规律。因此，坚持良好的家庭教养方式，对正确选择和科学运用教育方法，具有重要意义。

家庭教育方法受家庭教育思想观念的支配。中国传统的家庭教育是封闭式的教育，它所培养的是“低眉顺眼、唯唯诺诺”的所谓“好孩子”，因而多采用禁止、限制和惩罚的教育方法。现代家庭教育则是开放式的教育，它所培养的是具有主动性、自觉性、创造性和开拓进取精神，适应现代社会生活，个性健全发展的人才，因而在教育方法上，强调给孩子以自主权利，让他们在实践中主动接受教育。在改革开放的过程中，人才观不断发生转变，与此相适应，家庭教育方法只有不断改革和发展，才能适应新形势对家庭教育提出的新要求。

教育有法，但无定法。我们不仅要根据孩子的年龄特征选择和运用家庭教育方法，而且要因时、因地、因人而异，创造性地选择和运用家庭教育方法，其中还有教育艺术问题，只有掌握了科学的教育方法和教育艺术，良好的愿望才能变为现实。

总的来说，我国家庭教育的方法体系，是由说服教育、环境熏陶、榜样示范、实际锻炼、表扬奖励、批评惩罚、修养指导、学习辅导、智力启迪、卫生保健等具体方法构成的。本节将对其中最基本、最常用的几种方法进行介绍。

一、家庭环境熏陶法

家庭环境熏陶法是指家长有意识地创设一个和谐、良好、优美的家庭生活环境，使孩子在其中受到潜移默化的影响，以培养孩子优良的思想品德、高尚的道德情操和良好的行为习惯。

家长在家庭教育中往往十分重视说服训诲和奖励惩罚，这无疑是正确的。然而，家庭教育并不仅仅局限于家长“有意识”的教育引导。在更多的时候，更大的程度上，家庭教育表现在家庭环境和家庭生活方式对孩子的熏陶上，即所谓的“无意识”教育。家庭环境熏陶法，恰恰因其“无意识”，才更容易为孩子所接受，影响才更深刻。

我国古代教育家墨子和荀子曾分别以“染于苍则苍，染于黄则黄”和“蓬生麻中，不扶而直。白沙在涅，与之俱黑”，形象地概括了社会环境对人的巨大影响。中国古代一些有见地的家长，也很重视环境对孩子的影响，“孟母三迁”的故事，就是一个典型。

重视家庭环境对孩子的影响和教育，是我国家庭教育的优良传统。以一部《颜氏家训》名世的颜之推曾指出：“人在年少，神情未定，所与款狎，熏渍陶染，言笑举动，无心于学，潜移暗化，自然似之。……是以与善人居，如入芝兰之室，久而自芳也。与恶人居，如入鲍鱼之肆，久而自臭也。”他很注意周围环境对孩子的影响，要求审慎地看待孩子左右的人，以防受到消极的影响。

我国近代教育家陈鹤琴说：“小孩子生来大概都是好的。到了后来，或者是好，或者变坏，这是环境的关系。环境好，小孩子就容易变好，环境坏，小孩子就容易变坏。”可见，家庭环境对孩子的影响，往往更直接、更深刻、更持久。这是因为：①家庭环境是孩子主要的生活场所，即使是中小学生，也有三分之二的时间是在家中、在家长身边度过的。②家庭是以血缘、情感、经济利益为纽带组成的社会心理群体，其成员相互交往的融洽、密切增加了教育影响的效果。③孩子的可塑性大。家庭的生活方式、家长的一言一行，甚至习性、爱好都会潜移默化地影响孩子。我国历史学家罗尔纲早年丧父，家庭生活困难，母亲替人缝衣。他幼年常为母亲理线解结，因此养成了耐心、一丝不苟的习惯。作家老舍爱整齐、守秩序、待人热情，都是从母亲身上学到的。可见，在孩子个性的大厦中，家庭环境奠定了最初的几块基石。

相反，对犯罪青少年和工读生的调查说明，犯罪青少年大都有一个不幸的家庭。导致他们犯罪的一个重要原因是家庭环境不良，如破裂家庭、缺陷家庭、父母不和、家教方法不当和家庭成员素质不高等。正反两个方面的经验说明，优化家庭教育环境，是促进孩子健康成长的重要因素。

家庭生活环境大致分为两类，一类是物质生活环境，包括家庭经济收入及其安排、使用，家庭环境的布置、美化等。另一类是精神生活环境，包括家庭成员的思想品德、行为规范，家长的教育期望、受教育程度及其对学习的态度，家庭成员之间的关系及家庭心理气氛等。要使家庭环境对孩子产生积极的教育影响，家长必须努力创造良好的家庭物质生活环境和家庭精神生活环境。

（一）安排好家庭经济生活

教育社会学的研究告诉我们：①家庭极端贫困，经济水准在温饱以下，就不能为其孩子提供正常或必要的学习条件。这一规律在我国社会主义社会已不具有普遍意义。②超过满足其孩子正常学习需求的家庭经济条件，在任何幅度上的增长额，对于孩子的学习和教育而言，就不再产生有意义的影响和积极的作用；过于优裕的家庭条件，可能反而容易使孩子养成养尊处优的品性，成为影响他们学习的不利因素。这就是说，在一定条件下，家贫和家富，对孩子的成长都有有利的一面，也有不利的一面。富裕人家的孩子，引导不好很容易贪图享受，依赖性强，难以增长才干；而“穷人”的孩子早当家，艰难的生活反倒锻炼了他们的自立能力，使他们刻苦自励。因此，家长应正确对待和科学安排家庭经济收入，使家庭物质环境充分发挥其促进孩子健康成长的作用。家长如何分配家庭经济收入，对孩子的成长有重要影响。如果家长能精打细算，量入为出，勤俭持家，这本身对孩子就是很好的教育。如果家长不会持家，铺张浪费，很容易使孩子“不知盘中餐，粒粒皆辛苦”，养成奢侈腐化的恶习。

对于年龄稍大一些的孩子，家长应让他们适当参与家庭经济管理，这样，既有利于增强孩子的家庭责任感，又可以让他们在实践中学会如何生活。

家长在分配家庭经济收入时，应把智力投资放在适当的位置。有的家长买吃买穿舍得花钱，但却舍不得为孩子买好书，订报刊；也有一些家长不根据孩子的实际需要，过于大手大脚地搞智力投资，这些做法都不利于孩子的成才。

（二）美化家庭生活环境

家庭是孩子生活时间最长的场所，风格优雅、整洁美观、舒适宜人的家庭生活环境，有利于陶冶孩子的情操，促使孩子养成良好的生活习惯。

高尔基曾说：“照天性来说，人都是艺术家，他无论在什么地方，总是希望把美带到他的生活中去。”家庭生活环境的布置，往往能反映出家长的审美兴趣、审美艺术修养和文化水平。家长应根据家庭的经济条件布置家庭生活环境。家具的购置、摆放，房间的装饰，应将实用性与艺术性结合起来，追求高雅的情趣。在这方面，德国法学家卡尔·威特的父亲的做法值得借鉴。在卧室里，他决不摆放任何没有情趣和不和谐的东西：墙上糊着使人心情舒畅的墙纸，上面挂着经过精心挑选的有镜框的画；室内摆设的各种器具都很有趣，决不摆设不合身份的东西；人们赠送的礼品和自家的陈设不和谐就决不摆出来。穿衣服也是这样，他反对花哨的服装，不仅自己，而且要求孩子穿着整洁、朴素、雅致。在他的影响下，威特终于成了一个心地善良、情趣高雅的人。

在家庭中，除去全家人共同活动的空间外，家长应尽力为孩子专设一个学习和活动的空间。在那里应该有专为他们放置学具、图书和玩具的地方，有写字读书用的桌椅，室内采光充足，空气新鲜，以保证他们视力和身体的健康。

在布置家庭生活环境时，应听取孩子的意见，特别是布置孩子的房间或“学习角”时，家长不要全包办代替，应让孩子自己动手。

（三）创造和谐的家庭生活氛围

父母和家庭成员的和睦以及整个家庭生活的和谐，对孩子的健康成长至关重要，孩子将从中学会如何做人、如何爱人、如何处理人与人之间的关系。

父母之间以及整个家庭成员之间的关系，会形成一种家庭生活氛围。这种生活氛围较之家庭环境中的其他因素，对孩子的影响更直接、更明显。如果清晨父母在家中大吵了一场，孩子只要稍明事理，这一天上学时，必定会步履沉重，心情压抑。即使坐在教室里听课，思想也容易开小差。至于有的父母三天一大吵，两天一小闹，或虽不吵不闹，却互相冷淡，形同陌路，在这样环境里长大的孩子，其心理是很难得到健康发展的。

要创造和谐的家庭生活氛围，家长首先要爱孩子。爱是教育的前提，没有爱就没有教育。正如我国近代教育家夏丐尊所说：“教育之没有感情、没有爱，如同池塘没有水一样。没有水，就不称其为池塘；没有爱，就没有教育。”

其次家长对孩子的爱，应是一种理智的爱。其基本要素是关心、尊重、理解及爱而不娇。这种理智之爱，是一种伟大的教育力量，会教会孩子如何去爱别人，也为培养孩子爱集体、爱祖国的高层次情感奠定了基础。

创造和谐的家庭生活氛围，还要求家庭的所有成员严格要求自己，相互尊重、相互理解、相互关心、相互谦让，形成和谐民主的人际关系。

（四）提高家庭成员的文化道德素养和精神情趣

家长和全体家庭成员的文化道德素养及其所决定的精神情趣，不仅是家庭教育孩子的必备条件，而且是形成良好的家庭道德环境和智力环境的前提。家长的道德修养和情操以及文化品位，对孩子的学习、生活和精神追求具有直接的、明显的导向作用。我国古代教育家董仲舒认为：人的性、情、欲，均为陶冶而形成之。陶冶的力量主要来自家庭环境中家长所创造的教育情境及文化氛围。家庭成员的高尚情操和文化素养，对孩子的教育影响带有自发性、不可控制性，其熏陶感染作用强烈，效果也较为巩固。生活在精神生活丰富、情趣高雅、知识领域广阔的家庭的孩子，将在不知不觉中受到某种陶冶，精神受到感染，生活情趣更加丰富多彩，身心得以健康发展。许多生动的资料说明：家长教育孩子，重要的是以积极的态度、高尚的情操对待学习和生活，并不在于家长能否具体辅导孩子学习。正如美国教育家阿贝·鲍梅尔说的：“优教的关键不在于你家中有多少书，家长懂得多少知识同样无关紧要。重要的在于家长对待学习和生活的态度。”换句话说，在于家长的文化修养和情操。

二、说服教育法

说服教育，是通过摆事实、讲道理等方式对孩子施以影响，提高他们辨别是非善恶的能力和思想认识，培养他们良好的道德品质，使他们形成正确的行为规范的方法。

说服教育是家庭教育中一种运用最广泛的基本方法。这是因为：①当孩子在成长过程中，因受空间和时间的限制而不可能事事亲身实践时，正确思想的树立，往往离不开“灌输”。②无论运用哪一种家庭教育方法，都离不开提高孩子的认识，都需要结合运用说服教育的方法。③凡属于思想性质的问题，凡属于人民内部的争论问题，只能用民主的方法去解决，而绝不能用强制的，压服的方法去解决。家庭教育同样需要以民主的、说服的办法解决问题，这是由我国性质及教育目标决定的。④就培养孩子的道德品质而言，说服教育的作用不仅有助于提高孩子的道德认识，培养其道德判断和评价的能力，提高其自我教育和矫正不良行为的自觉性，而且能影响孩子的道德情感、道德意志，促进其道德品质的进一步完善。

说服教育的方法适合于各个年龄段和各种个性特征的孩子，只不过对于不同年龄段、不同个性的孩子，说服教育的内容和方式有所不同罢了。

说服教育，贵在启发诱导。颜渊称“夫子循循然善诱人”，赞扬了他的老师孔子启发诱导学生的教育技巧之高超。这里讲的就是对学生的说服教育。在家庭教育中，家长对孩子同样需要说服教育。

说服教育的方式多种多样，并无固定的模式。例如，谈话、讨论、书信往来，是用语言文字说服；参观、访问、调查，是运用事实说服；榜样示范，是以形象说服；而利用点头、摇头、皱眉、微笑等，是用体态语言说服。无论哪种方法，均可收到“此时无声胜有声”的良好效果。其中，谈话和讨论是最常用的两种方式。

（一）谈话法

谈话是家长就某一问题和孩子交换意见，使孩子明白某一道理，解决某一问题的方式。它的优点是不只有家长讲，家长还要和孩子交流，在谈话的过程中孩子也可以问问题，这可以有效地发挥孩子的主体作用，激发孩子思考、评价、解决品德问题的积极性、主动性，发展孩子的品德认识能力和自我品德教育能力。另外，谈话不受时间、地点的限制，简便易行，特别便于从孩子的具体情况出发，有的放矢地进行深入细致的交谈，更具有针对性和实效性。

运用谈话法时，事前要做好充分的准备。要在了解和研究孩子的品德情况、个性特点和周围影响的基础上，确定谈话的目的、主题、内容、时间、地点、方式和具体过程。谈话的目的要明确，主题要鲜明，内容要具体，难易要适度。谈话的态度要亲切、诚恳、自然、耐心，要使谈话具有民主、平等、和谐的气氛。谈话要有启发性，启发孩子积极思考问题，通过自己的认真思索明辨是非、得出结论。要培养孩子解决问题的能力和习惯，特别要鼓励孩子敢于发表不同意见，敢于坚持真理，勇于修正错误。谈话过程中要有感情交流。要与孩子同欢乐、共义愤，使谈话将说理与情感交流交融在一起，切忌简单粗暴，把谈话变成训斥，切忌没问题不谈，谈话就是让孩子做检讨。

（二）讨论法

讨论是家长与孩子共同探讨一个问题，经过讨论甚至辩论，得出正确结论，使孩子明辨是非、提高认识的一种方法。这种方法充分体现了家长对孩子的信任、尊重。讨论法的优点是可以充分发挥孩子的主体作用，通过探讨、研究和争论，使孩子明辨是非，加深理解，提高认识，并留下深刻印象。它可以活跃孩子思想，调动孩子研究探讨问题的积极性，培养孩子坚持真理、修正错误的科学态度和分析、解决问题的能力。

讨论的问题可以由家长提出，也可以由孩子提出。要想使讨论能够展开，必须选择孩子关心的、疑惑的、有感可发的问题。这就需要家长对孩子有所了解，摸准孩子的脉搏。家长还要善于从日常生活中，电影、电视中，社会热点中选择讨论题目，题目选得好，孩子才会跃跃欲试，滔滔不绝。

讨论中家长必须以平等的身份和孩子讨论问题，不可居高临下，总想以自己的认识下结论，让孩子接受，必须循循善诱，以理服人。要放下架子，让孩子充分发表意见，允许并鼓励孩子反驳家长的意见，如果孩子有理，家长就要服从。哪怕孩子的意见是错的，家长也要耐心听完，然后加以引导。

讨论法是一种民主的方法，经常运用它可以培养孩子的民主精神，加深孩子与家长的亲密关系；有利于使孩子认识到自身的价值，提高孩子的主人翁意识和责任感。而且讨论的过程本身就是一种教育：教育孩子学会过民主生活，懂得坚持自己的正确意见，修正自己错误的认识。

三、榜样示范法

我国自古以来就提倡躬行身教，榜样示范。家长以自身良好的思想行动品德以及典型人物的优良道德风范，影响教育孩子，是具体形象、生动活泼、最具影响力的家庭教育方法。家长的言行成为孩子效法的榜样，模范行动成为教育孩子的表率。正如马卡连柯所指出的："父母对自己的要求，父母对自己家庭的尊敬，父母对自己一举一动的检点，这是首要的和最基本的教育方法。"以身作则，身教重于言教，更是中国家庭教育的优良传统，也是家庭教育的重要原则。而躬行身教，榜样示范，正是这一家庭教育原则的反映。

从家庭教育的对象来看，家庭教育对象主体是青少年儿童。他们的思想品德可塑性大，模仿性强，富于理想和幻想，有强烈的上进心。因而具体形象、鲜明生动的榜样最容易被他们理解和模仿。由于家长与孩子的感情亲密深厚，来自家长的榜样更易于使孩子受到感染和激励，因而其教育作用更巨大、更深远。正如洛克所说："没有什么事情能像榜样那样能够温和地而又深刻地打进人们的心里。"

从榜样发挥作用的机制来看，榜样是为孩子提供思想言行规范要求的物化模式。它好像一面镜子。孩子心目中一旦树立了良好的榜样，他就能经常对照这面"镜子"自我检查、发现自己的差距和不足，或自愧不如，或受到激励，从而产生自觉克服缺点、努力上进的动机和行为。一般说，由训诲的途径教育孩子是长远而困难的，由榜样的途径教育孩子则是简明易行的。家庭教育尤其不应只是训诫，而实际生活中择善而从的言行实践，对孩子的成长更具重要意义。

在家庭教育中，运用躬行身教、榜样示范的方法应注意如下事项。

第一，家长应率先垂范，给孩子树立良好的榜样。躬行身教的特点在于家长对自己的严格要求，并能自觉检点言行，凡是要求孩子做到的，家长应事先垂范，亲身做到，为孩子树立最具说服力的榜样。

躬行身教，榜样示范要求家长做到言而有信，言行一致。否则，将会产生育人的负效应。《韩非子·外储说左上》记有曾参杀猪教子的故事，留下了家长为孩子树立诚实榜样的历史佳话。

家庭教育中，家长的榜样有时是自觉的，有时是不自觉的。也就是说，家长的任何言行都会对孩子产生影响。因此，事无巨细，只要被赋予教育的意义时，就不再是小事。作为家长，为了达到教育孩子的目的，应该时时、处处以身作则，不忘榜样的教育作用。

有时，家长也会言行有误，从教育的意义来讲，不必回避，只要立即纠正，诚恳说明，就不至于给孩子留下消极的影响。这样做，丝毫不会影响家长在孩子心目中的威信，反而会使家长受到孩子的敬重。因为在失误面前，家长给孩子树立了勇于承认失误和改正错误的榜样。

家长的自身示范教育，不仅可以增强说明的可信性和感染性，而且能像春雨润物那样，对孩子产生耳濡目染、潜移默化的作用。这种以自身良好道德行为为孩子品德修养做出示范的方法，具有极强的吸引力和有效性，是一种生动、有效的教育方法。

第二，要借助革命领袖、英雄模范、著名科学家、学者、历史名人以及文艺作品中正面典型人物形象教育孩子。典型人物以榜样的言行将道德规范具体化、人格化，使孩子受到鲜明形象的感染和教育。运用典型人物示范教育的方法时，首先，家长要根据时代特点和教育目标选择先进的典型，从而使典型人物的良好思想品质转化为孩子的品质行为。例如，少年儿童学习赖宁，既容易被儿童所理解，又能为儿童所接受和效仿。其次，注意指导孩子阅读某些历史人物传记和优秀的文艺作品，使他们了解榜样的身世、经历、成就和品德，突出介绍优秀历史人物最感人的事迹，从而激起孩子对榜样的敬仰之情。同时，应抓住时机，及时诱导，将孩子的情感冲动引导到实际行动中来，使孩子养成良好的行为习惯。

第三，引导孩子要向身边的普通人物学习。洛克曾经说过："教育孩子最简明、最容易而又最有效的办法是把他们应该做或是应该避免的事情放在他们的眼前；一旦你把他们熟知的人给他们看了，同时说明他们为什么漂亮或为什么丑恶，那种吸引或阻止他们去模仿的力量，是比任何能够给予他们的说教都大的。”[1]孩子身边的教师、同学、亲朋都是各行各业的普通人物，特别是同龄同学或伙伴，这些人物身上的好思想、好品德、好作风，是孩子最熟悉、最感亲切和最易于接受的学习榜样。

在向身边人物学习的时候，家长应指导孩子，不但要看到他们的长处，也要了解他们的缺点和不足，引导孩子要全面观察。与此同时，家长要引导孩子在向周围人物学习时要虚心、自觉，不能将人之长比己之短，引起孩子的反感；也不要以己之长比他人之短，产生无可学习、不够谦虚的态度。

总而言之，在家庭教育中，榜样示范作用不是自发产生的，必须正确地加以引导。首先，家长应该注意榜样的威信，自身示范教育中，家长的威信十分重要，运用的典型要真实感人；其次，要注意激发孩子向榜样学习的动机，使学习榜样成为孩子自身的需要，而不是被动强制地接受；最后，榜样示范最终的目的在于使榜样的品德转化为孩子的品德和良好行为。

四、实践锻炼习惯养成法

实践锻炼习惯养成，是指家长有意识地让孩子参加力所能及的实践活动，从中锻炼思想，增长实际才干，培养优良的品德和行为习惯的方法。

通过摆事实、讲道理，让孩子明白应当做什么和为什么这样做是十分必要的。但是，知并不等于行，从知到行还有一个复杂的转化过程。要完成这个复杂的转化过程，对孩子来说，就是在做的过程中学会怎样做，在实践活动中经受锻炼，养成良好的思想品德和行为习惯。那种认为讲了道理，提了要求，孩子自然会照此行事的想法是不现实的。比如：有些孩子一方面背诵教师留下的家庭作业——赖宁的故事，准备参加故事演讲会；另一方面却要求家长事事包办，饭来张口，衣来伸手，

[1] 王子恩，张正贤．幼儿园社会教育活动及设计［M］．长春：东北师范大学出版社，2019：96.

光说不做。道理天天讲，行动不对号，这与家庭教育有直接关系。

事实说明，无论何等简单的技能技巧和品德习惯，单凭讲道理，不经过实践练习，没有亲身体验，是难以形成的。因此，古今教育家都非常重视实践活动和行为练习，“身体力行”成为我国古代道德教育的基本要求之一。孔子强调“言必信、行必果”，反对“言过其行”，甚至宣传可以“先行其言，而后从之”，即不妨先脚踏实地去做，做了以后再讲也不迟。

现代社会生活条件比较优越，孩子们的自治自理能力日益低下。如果缺乏一定的实践锻炼，他们将无法在未来的社会生活中立足。特别是在我国实行改革开放的今天，社会主义现代化建设需要具有较强的独立工作能力、创新能力、适应能力和社会交往能力的人才，而与实际相脱节、与社会生活相隔绝的传统家庭教育，不利于培养这样的人才。因而，当代中国家庭教育中的实践锻炼，不仅是对重内心自省式的精神劝诫，轻实践锻炼的传统家庭教育的突破，而且不完全等同于在封闭状态下所进行的“洒扫应对”之类的行为训练。它更强调实施开放的家庭教育，充分利用社会生活教育孩子，让他们在社会生活中亲身实践和体验，接受真实的教育，从而开阔眼界，充实头脑，增长才干，获得动力，增强社会生活适应能力。

运用实践锻炼法应注意下几点。

（一）提高孩子对实践锻炼意义的认识，调动孩子自觉锻炼的积极性

实践锻炼是孩子通过一定的活动实现知行转化和知能转化的过程，在这一过程中，如果只有家长的要求，而孩子缺乏积极性，孩子往往很容易产生抵触情绪和“逆反心理”。因此，家长一方面应把实践锻炼与说服教育相结合，以明确实践锻炼的目的，提高孩子对实践锻炼意义的认识。另一方面，家长应利用孩子争强好胜、好奇心强的心理特点，把严格要求与激发兴趣结合起来，在实践锻炼中增加游戏性、竞赛性和趣味性，促使他们兴致勃勃地主动参加实践锻炼。

（二）鼓励孩子克服困难，不怕挫折，坚持到底

孩子往往缺乏毅力，因此，在他们参加实际活动和进行行为训练时，家长要有意识地帮助孩子克服生理的和心理的各种障碍，鼓励他们克服实践锻炼中遇到的各种困难。在孩子实践锻炼中遇到困难和挫折时，家长要少埋怨、多鼓励；对孩子实践锻炼中取得的进步和做出的成绩，家长要及时表扬，以增强他们接受锻炼的信心和取得成功的动力。

（三）实践锻炼要持之以恒

实践锻炼不可能一次见效，良好习惯的养成也并非一日之功，而是需要持之以恒，反复训练。若“三天打鱼，两天晒网”，增长才干、养成良好习惯和品质只能是一句空话。

在实践锻炼中增长才干、养成某种习惯和品质，不经过磨难是不可能的。但是，一些家长舍不得让孩子吃一点点苦，受一点点磨难。因而往往使实践锻炼一曝十寒，半途而废。可见，要使实践锻炼持之以恒，坚持不懈，家长必须舍得让孩子吃苦。须知，孩子长大后总要离开家长独立生活，如果小时候不锻炼，独立生活后就会吃更大的苦，受更大的磨难。

（四）正确对待孩子实践锻炼中出现的失误

在实践锻炼中，孩子由于缺乏经验和能力，难免会出现这样或那样的失误。对于孩子出现的失误，家长应该正确对待，不应一味责怪和埋怨他们“笨”“成心捣乱”“不想干”，或因害怕出问题而不让孩子参加实践锻炼，而应帮助他们分析原因，总结经验，鼓励他们勇于实践。

（五）实践锻炼的内容不要过难或过易，而应从孩子的实际能力出发，量力而行

对孩子的实践锻炼既要严格要求，但又不可操之过急。锻炼之初，家长应有具体的指导。对大一点的孩子，要尽可能放手让他们自己去锻炼，家长只给予必要的检查督促。管得过多过细，不仅不利于培养他们独立生活和独立工作的能力，反而会使孩子产生厌烦情绪。

第四节　不同亲职教育理论下的家庭教育技巧

亲职教育，也被称为“父母教育”或“双亲教育”。其内涵是有系统地提供一套关于“如何为人父母”的知识与技能的过程，使父母能有效地帮助孩子成长。目前亲职教育模式主要有行为取向、阿德勒/崔科斯取向和反映取向三种（详见表3-1）。其中，最具影响力的是以罗杰斯的“当事人中心理论”为基础的亲职教育模式，它符合现代社会对孩子及其教育的基本看法与认识。建立在其基础上的吉诺特模式、高登的“父母效能训练”和“沟通分析理论”也受到民众和专家的极力推崇。本书就此三种亲职教育策略（或模式）做一个简单的介绍。

表3-1　亲职教育模式一览表

亲职教育模式	原理	主要贡献
行为取向	操作制约	1. 协助父母消除或减弱孩子不当的行为及增强适宜的行为 2. 偏重“行为”的成效
阿德勒 / 崔科斯取向	阿德勒的个体心理学	1. 父母效能系统训练方案 2. 积极教养 3. 父母教育方案
反映取向	罗杰斯的“当事人中心理论”	1. 吉诺特的反映式沟通方案 2. 高登的“父母效能训练”

一、吉诺特模式

吉诺特是美国20世纪五六十年代极力提倡亲职教育的临床心理学家、教师、孩子治疗学家、亲职教育专家。他深信不称职的父母大多是因为缺乏经验、缺乏正确的管教知识与能力或缺乏良好的学习楷模，并非全然由于人格上的缺失所致。因此，吉诺特以孩子的问题为主进行亲职教育，同时强调父母的需要及个别条件有很大的差异，必须先进行评估，才能提供合适的技巧。

吉诺特的主要论点有两个：尊重孩子和重视孩子的情绪。他强调与孩子相处的最好方式是让孩子知道父母了解他们的感受，同时也尊重他们的感受。下面是一些重要原则。

（一）和孩子说话的基本原则

第一，倾听孩子的话语并听懂其弦外之音。

第二，重视亲子对话的沟通效果。

第三，教孩子接纳自己的情绪，并学会如何表达。

（二）教导的基本原则

第一，称赞孩子的原则：针对其行为或其付出的努力与成果进行称赞。

第二，批评孩子的原则：提出建设性意见，避免引起亲子间的战争，避免恶言羞辱孩子。

（三）允许孩子说话及选择

吉诺特亲职教育团体实施对象以亲子关系有问题但父母本身没有问题的人为主，团体最好由10～12人组成，每周聚会一次，每次90分钟。

奥格斯依照团体过程的重点将吉诺特的亲职教育团体分为四个阶段：

阶段一：叙述问题。团体初期，领导者鼓励成员叙述问题及说明所用的处理方法，并在成员在叙述问题时，提倡其夹杂着抱怨、愤怒、自责、困惑等情绪，领导者以同情的态度接受成员倾诉。

阶段二：提升敏感度。此阶段重点在于训练父母探索孩子的感受，促进父母对孩子感受的了解并提升敏感度。孩子的问题行为总是反映出其内在的感受，所以父母不能不察。

阶段三：概念形成。此阶段，领导者必须引导成员强化一个概念，即允许孩子在毫无罪恶感及害怕的状况下去拥有任何感受，父母必须协助孩子接受自己的情绪经验。当孩子能自由表达其感受，而且能了解与接纳时，便不会有不良的内外在行为发生了。

阶段四：学习迁移。团体的最后阶段必须引导成员在生活中练习所习得的概念和技巧。成员在团体中分享与讨论生活中所用的新方法，也就是将所学的亲职教育知识和技能运用于实际的亲子互动中。此阶段，父母必须练习数项技巧：①接受孩子的感受并予以正确的反应。②正确地表达自己的情绪感受。③训练孩子的技巧。

二、父母效能训练

（一）父母效能训练的基本理念

父母效能训练创始于1960年，创始人为托马斯·高登博士。父母效能训练初创时，主要用于协助父母改善不良的亲子关系。其主要包括以下内容。

1. 改变父母的管教方式，就可以改变亲子关系

从儿童发展心理学的理论中可以得知，孩子到了两岁（更早可能是十八个月）会进入人生的第一个反抗期；许多学者更是把青春期认为是个体的“狂飙期”，好像人的一生中总要经历几段“暴风雨时期”。高登博士以其经验和研究心得反驳了“反抗期是人生必经阶段”的论调，他认为孩子不是天生有意要反抗父母的，父母与孩子不和也不是正常的必经历程。代沟和冲突之所以形成，是因为父母管教方式不当，只要父母用对了方式，亲子关系自然会亲密。因此，父母效能训练课程中，便以教导有效增进亲子互动及增强良性沟通的技巧为重要内容。

2. 理想的父母并非是天生的

家庭是人一生中第一个受教育的场所，父母更是孩子的第一个导师，其所拥有的影响力自然不必多言，但是，将孩子的偏差行为归咎于父母，并不全然是公平的。

高登强调“理想的父母并非是天生的”，在苛责父母之时，不妨

想一想：谁或哪个单位帮助过父母取得应该具备的知识和能力呢？多少父母是受过育儿训练后才开始当父母呢？对尚未准备好的父母，要求他们有优异的表现是不公平的。因此，父母效能训练的第二个基本理念是“理想的父母并非天生的”，而是可以通过训练、再教育的方式加以培养和再造的。

3. 父母是人，不是神

当一个人成为父（母）亲之后，就面临着人生重大责任的挑战，很多父母自然而然地戴上了“父母”的面具和枷锁，要求自己牺牲、奉献、忍耐，进而忘了自己也是个普通的人，忘了自己的情绪可能因时、因地、因人而不同，反而失去了“真人”的真实性。高登认为这并非好现象。父母效能训练的理念认为，真实的父母才可能成为称职的父母。所以，高登质疑几个经常被父母奉行不渝的“金科玉律”。

（1）父母必须对孩子一律平等看待

这个观念并不合理，而且会使无法做到这一点的父母有罪恶感。父母对孩子的行为一定会有接受和拒绝的感受或态度，但接受和拒绝的分界线会落在何处，是因人而异的。其实这和父母的“个性”有关；另外，“孩子的特质”也会影响此分界线。因此，要求父母对孩子一律平等看待，反而会引起父母的自责，有这样心情的父母会有碍于良好亲子关系的形成。

（2）父母在孩子面前必须言行一致

这也是个古老的忠告，往往使得父母必须伪装自己，丧失人的真实性。实际上，父母也会因为心情和所处情况的不同而对孩子的行为有不同的反应。例如，父母心情低落、失眠或疲惫时，对孩子的举动较可能动怒，而心情愉快时，则较能接受孩子的行为。

父母效能训练课程认为，这种前后不一致的转变是不可避免的。但是：“父母可以前后矛盾”并不代表容许父母为所欲为，父母效能训练强调：必须要让父母认清“真实的人”会有的状况。

（3）父母必须慈祥和善，力行爱的教育

天底下没有一个父母能永远接受孩子的行为，有些父母希望自己扮演好父母的角色，所以表面上假装接受孩子的行为，内心却是拒绝的，即“虚假的接受”。但孩子是敏感的，对父母究竟接不接受他总能分辨出真假。如果父母经常采用“虚假的接受”，对孩子的心理健康将有不良的影响，甚至导致孩子不再信任父母。因此，父母效能训练强调：当无法接受孩子的行为时，绝不假装接受。

（4）接受孩子的个人，但拒绝他的行为

持这种论调的父母在面对孩子的行为时，常会告诉他：“我喜欢你，但我不喜欢你这个行为。”似乎个人和他的行为是可以分开的。但这不是真实的，就如同希望孩子理解“打在儿身痛在娘心”的道理一样困难。父母效能训练强调：孩子会从父母对他行为接受的多寡来判断父母是否肯定他这个“人”。

总之，父母效能训练课程主要强调父母应该做一个“真人”，亦即：①真实的父母一定会对孩子表现出接受和拒绝；②即使对相同的行为，也可能随对象、时间和场合不同而有不同的看法；③父母不该隐藏自己的感受而表现“虚假的接受”。

（二）父母效能训练运用的亲子互动技巧

1. 对孩子表达接受，以使孩子吐露心声

父母效能训练课程中最重要的就是如何表达“接受”的方式，运用这个方式，可以使孩子愿意和父母谈心，亲子关系于是有了良好的开始。人类传达信息及沟通的方法有两种：一为语言，二为肢体语言。

（1）用肢体语言传达接收的信息

肢体语言在传达信息上的力量并不亚于语言。父母在有些情境下使用肢体语言比语言的影响力更大，在传达接受上亦相同，甚至更强。例如，孩子小的时候，安抚他的哭泣或不悦，说话往往比不上拥抱来得有效。

父母效能训练建议父母使用“默默倾听”的方式。父母静听能使孩子把话题从事实叙述进入到说明原因，最后自己下个结论。因为父母的接受允许孩子表达，使孩子能思考并获得成长。另一个建议是“不干

涉”，父母不干涉即表示了接受。然而父母多数觉得袖手旁观而不介入会纵容孩子，所以会任意插手孩子正在做的事。高登认为，这是因为父母无法把孩子视为独立的个体，以及本身的恐惧与不安所致（恐惧失去权威或失去在孩子心目中的地位）。

（2）用语言表达接收的信息

在良好的亲子沟通中，言语绝对是必要的，因为双方不可能永远沉默相对。高登甚至强调，能否成为好父母，全系于父母的说话方式。每当父母和孩子说一句话，就好像正拿着一块砖堆砌着他们之间的关系，每一句话都在表达对孩子的看法，久而久之，孩子自然能了解自己在父母心中的模样。

在父母效能训练课程中，教父母如何说话之前，必先教他们避免使用某些说话方式。以下十二种典型的沟通绊脚石应该加以避免。①命令：给孩子一个指示命令，规定他们该怎么做。②恐吓：警告孩子，如果敢做某事的话将会招致什么后果。③教诲：告诉孩子应该怎么做才对。④建议：给孩子提供建议或忠告，告诉他们如何解决问题。⑤晓以大义：试着用一些事实、见闻或个人意见来影响孩子。⑥责备：否定孩子。⑦赞同：肯定孩子，并加以赞许。⑧嘲笑；让孩子觉得自己非常愚蠢。⑨分析：分析孩子的动机。⑩安慰：同情支持，企图使孩子心情好些而不再沮丧。⑪提出问题：问一些问题，企图找出原因。⑫说笑解忧：转移话题，分散孩子的注意力。

一般人若被他人以此十二法对待时，会有以下的感受或反应：我会防卫、保护自己，并加以反抗；我会觉得沮丧；这样会让我觉得自己不行、差劲；我觉得对方不相信我有办法解决困难；我会和对方辩论，并反驳他的话；我会有罪恶感，并认为自己坏透了；我觉得对方不了解我真正的想法；我觉得对方像个父亲，而我则是不懂事的孩子；我觉得被干涉；我似乎在接受审判。

如果不这么说，还有哪些更好的谈话方式呢？父母效能训练建议父母采用敞开心胸的谈话方式，以便使孩子有效地吐露心声，亦即：其一，不代表价值判断的简单回答，如原来如此、嗯哼、很有意思、真的。其二，较清楚地表达接受的回答，如告诉我吧，我对你的看法很感兴趣，你愿意说吗，我们谈谈这件事好吗。

利用上述非语言技巧（默默倾听、不干涉）及语言技巧（敞开心胸、鼓励别人说话），可以促使对方勇于表达，并继续往下说。在此过程中，父母不应加入个人意见或感受，从而会使孩子因为父母敞开心胸而与之亲近，并将心声吐露出来。

2. 主动倾听——更有效的沟通方法

主动倾听是父母效能训练课程的重心所在。运用主动倾听时，听者必须试着了解对方的感受，然后用自己的话向对方求证，听者不可加人自己的意见、评价或劝告等。当父母解读出孩子的信息时，就能促使孩子表达更多自己的想法，进而寻出解决问题之道。

父母效能训练课程经验显示：即使没有受过训练的父母，只要有心又有适宜的态度，主动倾听的成效往往令人大为惊喜，反之则否。

3. 运用“我……”的信息来表达父母的感受

当孩子向父母发出信号时，扮演“接收器”的父母最好使用主动倾听的方式来做出反应。然而，许多父母的反应句常以“你……”来开头，如“不准你用这种态度跟我说话”“你如果不想上学的话，以后打算做什么”。这些说话方式常在传达“贬损”的信息（例如：嘲笑、责备、教训），要不就是传达“解决办法”的信息（例如：建议、命令、恐吓）。这些信息有意无意地告诉孩子：你是不优秀的，父母一定比你行。因此，常接受贬损的孩子，其日后往往自卑或患有其他心理障碍。

父母效能训练经验发现：其实绝少父母真正有意想伤害孩子，他们只是没有学到更好的方法，运用“我……”的信息是值得采纳的良策。

“我……”的信息是诚实地将自己的感受告诉对方，父母坦率地将自己的感觉倾诉出来，告诉孩子他的行为对父母造成的影响，比起暗示孩子他的行为是不对的，其恐吓意味减少了许多。这同时也显示相信孩子有处理问题的能力，信任他会尊重你的需求。运用“我……”的信息来表达父母感受之所以有效的原因是：①“我……”的信息是诚实的，可以影响孩子对父母表达真实的感受。②“我……”的信息实际上传达的是父母的感受，而将采取应对补救措施留给孩子，让孩子学习对自己的行为负责。③“我……”的信息向孩子坦诚父母也是人，可以提升亲子关系。

4. 使用“没有输家”的方法来解决冲突

许多父母会陷入“谁输谁赢”的联想，把与子女间的冲突看作权力争夺战，非要比出胜负才行。这种“不是赢就是输”的刻板观念是造成亲子冲突的根源所在，因为亲子双方都想赢，结果不论谁赢，均有一方觉得打败仗而生对方的气，甚至胜利的一方也不见得愉快。因此，父母效能训练课程提出了一个革新的方法——“没有输家”。

父母效能训练认为冲突的解决并非只靠两极化的方法。因此，训练父母从观念上先接受“愿意为了解决冲突另辟蹊径”的想法，进而了解原来的方法为何无效，有何不良影响，再进一步使父母认知“没有输家”的方法之效益以及如何采用此方法，鼓励父母运用在实际情境中，经过修正检讨后再练习运用。

运用“没有输家”即“双赢”的方法的作用在于：孩子有机会发展思考能力；减少权力的需求，使双方少了敌意多了爱；把孩子当成人看待，会激发孩子寻求解决办法的动机；不需强制执行；易于发现真正的问题，并有机会表现高质量的解决方法。

进行“没有输家”的六个步骤：认清并界定冲突→寻找各种可能的解决办法→评估这几种办法→决定何种办法最合适→寻求实行此办法的途径→追踪评估实行后的效果。

（三）父母效能训练在亲职教育中运用

1. 明确问题归属，倾听不越权

当发生冲突和出现问题时，父母首先要明确问题的归属，是孩子的问题还是自己的问题。对于孩子的问题，父母要采用积极倾听的方法，关键点在于理解孩子当下的情绪，并使其及时有效地反馈出来，不必着急分析问题的原因、给出解决问题的建议，孩子在倾诉的过程中，会自发地想出解决问题的办法。对于父母自己的问题，可以及时发出“我……”的信息和孩子沟通，协商出大家都能接受的解决办法，不是非输即赢的结果，而是“没有输家”的解决办法。

2. 觉察内心感受，提高感受力

如果父母能感受到孩子的问题，那么他们是可以做到积极倾听的，可是很多时候父母感受不到孩子出了什么问题，也就不知该如何去积极倾听了。父母的共情能力直接影响着亲子沟通的效果。如果父母不善于换位思考，没有站在孩子的立场感受问题，那就难以体会到孩子当下的情绪情感。这就需要父母善于觉察自己的内心感受，试着多问问自己当下是什么感觉，父母只有多感受自己内心的想法，提高感受力，学会接纳自己，才能做到科学育儿。

3. 积极管理情绪，增强掌控力

纵观整套父母效能训练方法，要求父母对自己的情绪有很好的掌控力，能保持良好的稳定的情绪，只有这样才有利于理智地去实施父母效能训练的每一步。积极倾听的功能和目的实质上是父母协助孩子管理调控情绪、看到情绪背后的真相，引导孩子自己帮助自己。当孩子有问题时，父母要有耐心，给予积极倾听；当父母有问题时，要冷静克制地向孩子送出“我……”的信息；如果遇到孩子抵触，父母需要再次耐心地积极倾听，如此反复沟通，这对父母的自我情绪掌控能力无疑是个考验。所以，父母要在实践中一点一滴地修行和积累，学会积极管理情绪。

实践是检验真理的标准，父母效能训练是一种高效的、基本的沟通技巧和解决冲突的方法，在亲子沟通中发挥着巨大的作用，在实践中得到了广大父母的认可和欢迎，促使很多家长在潜移默化中实现了由经验育人向科学育人的转变，由片面注重学习书本知识向注重教育孩子正确做人的转变，由简单命令向平等沟通的转变，弥补了学生教育中家庭教育的缺失，为实现学生多元立体教育奠定了基础。

三、沟通分析理论

（一）理论介绍：人格的三种状态P-A-C体系

沟通分析（Transactional Analysis，简称TA）是在确定、检查及分析人们交流的方法，并将所得信息加以系统化，了解人们是以其三种自我（父母、成人、儿童）的哪一部分做出反应或发出刺激。也指两个人之间，我对你做某事，你回报我某事。艾瑞克·伯恩根据临床经验，将个体的内在归纳为“父母（Parent）”“成人（Adult）”“儿童（Children）”三种类型，也就是人格的三种自我状态。这三个名词和平常的父母、成人、儿童的含义与用法均不同（图3-1）。

“父母”——→外在事件的记录（教导概念）

“成人”——→透过探索而记录的数据（思考概念）

“儿童”——→内在事件的记录（感觉概念）

图3-1　艾瑞克·伯恩关于人格的三种状态

1. “父母”

“父母”是指个体记录在脑海里的一些早期经验（从出生到五岁前），主要是一个人将童年时期生身父母或代父母的一切言行（包括正向的或负向的），忠实地记录到“父母”之中，就好像录音带一样。这些都是永久性的记录，没有人可以洗掉，在往后的人生中随时可以回放。每个人的早期经验不同，所以“父母”也不同。

2. “儿童”

个人除了把外在事物记入“父母”之外，同时还进行“内在”事件的记录，即指小孩对所见所闻的反应，多半是“感觉”。这些“感觉”有正向的，也有负向的。正向的感觉包括许多肯定的内容：创造力、好奇心、渴望去尝试、探索等；负向的则是无能、受挫、缺乏字词表达真正的意思、愤怒、被遗弃等。

3. “成人”

当孩子约十个月大时，他到处爬行，探索周围环境和事物，此时，他发现自己已能靠理解和思考做一些事，这种自我实现就是“成人”的开端。小孩发现生活中还有一些“父母”的教导概念、“儿童”的“感觉概念”等不同的数据，根据对这些数据的收集和分析，发展出“成人”的“思考概念”。

每个人都有三种自我状态：“父母”“成人”“儿童”。当其行为思考和观察中的父母一样时，表示他正处于“父母”的状态中；当他在讨论目前的事情、收集资料、观察现象及客观评价时，表示他正处于“成人”的状态中；当他感受和表现童年的一些行为时，表示他正处于“儿童”的自我状态中。P-A-C体系是一种真实现象，个人依之而表现其外显行为，我们可从其一些身体及语言线索中观察出，包括声调、姿势和脸部表情，对这些线索越熟悉越能帮助我们对自我与他人进行分析与判断。

（二）沟通分析在亲职教育中的运用

沟通分析运用在亲职教育中可以实现三大功能。

1. 增强亲职教育人员对自我的了解，进而了解他人

沟通分析首先可以帮助亲职教育人员了解自己，分析自己，使“助人者”先成为一个更加稳定成熟的个体，并提升个人能力。次之，亲职教育人员可以运用沟通分析来检视自己所接触的对象，如家长，这样也比较容易进入问题的核心，减少可能的误解而切合所需，即“知己知彼”。

2. 协助家长，也是协助孩子的最好途径

沟通分析在维持夫妻关系或改善婚姻关系上卓有成效，若能透过沟通分析，使父母们的人格更为健全，婚姻及家庭关系更为稳定和谐，既可以预防孩子可能产生的许多问题——尤其在家长洞悉自己在孩子的童年占有举足轻重的地位后，也可以促使家长更用心、谨慎地扮演亲职角色。

3. 改善亲子关系，促进孩子健全人格的发展

近年来，沟通分析理论常被运用在改善亲子关系方面，因为人们从中知道最有效的沟通方式是“成人”和“成人”之间的平行沟通。如果父母多站在“成人”状态，孩子就逐渐发展出明理的生活态度，孩子的“成人”状态就会及早萌芽，人格也会发展得较稳定。如果父母总是以权威的“父母”自我状态出现，就会迫使孩子停留在“儿童”状态，将会延误孩子成熟的时机。

综合上述几种亲职教育模式可以知道，不同的亲职教育模式，有其不同的特色：吉诺特的反应式亲职训练强调成功经验的重要性，父母可以剔除训诫、唠叨、命令等多种挡路石，让孩子知道父母仍然关爱自己，这必然能够引导孩子发展出良好的情绪、对社会认知的能力。父母效能系统训练来自罗杰斯的个人中心治疗法，强调的是分辨权威、放任与民主式教养的关系，注重“问题归属”的区分，运用“积极倾听”“‘我……’的信息”与“双赢策略”等民主方式的亲子沟通与问题解决技巧。沟通分析模式则是从人际关系角度来看待亲子关系，其强调通过对亲子沟通形态的了解来改善亲子关系。

当然，在这里没有介绍的其他亲职教育模式也有其特点，如行为改变技术亲职训练强调行为后果对行为本身的影响，反映在管教技巧上，就是应用增强与削弱的原则来建立孩子良好的行为与减少孩子不良的行为。阿德勒与德瑞克斯的亲职训练，强调的是以了解孩子行为背后的原因、鼓励父母选择退出冲突的方式，给予孩子做决定的权利，并运用自然后果与逻辑后果召开家庭会议，以促使孩子更多地自主表现。父母参与方案则主张以温暖、亲近的方法构建亲子间共同的参与感，一改往日忽视甚至惩罚孩子的方式，发展亲子双方的自律、责任及友善的亲子关系等。虽然它们各有优势，也有不足，但可以肯定地说，没有哪一个模式是放之四海而皆准的，重要的是家长和相关工作人员要认真研究儿童、观察儿童，找到适宜的教育方法和策略，灵活调整，促进儿童全面健康、有个性的发展。

第四章　不同人生时期的家庭教育策略

第一节　婴幼儿时期的家庭教育

婴幼儿时期是个体发展的第一个阶段，也是个体发展最为迅速的阶段之一。从呱呱坠地时软弱无力的小生命成长为能独立行走、会说话的个体，短短五六年的变化是相当惊人的。

这一阶段家庭教育的主要任务是对婴幼儿进行身体的养护、良好生活习惯的养成、良好个性的塑造以及语言能力的培养，具体的策略如下。

一、良好生活习惯的养成

生活习惯主要包括睡眠习惯、饮食习惯、排泄及卫生习惯以及独立生活能力等方面。良好的生活习惯，对于孩子的健康成长具有重要意义。要养成良好的生活习惯，关键在于家长对孩子的教育。

（一）睡眠习惯

身体的健康离不开良好且高质量的睡眠，婴儿时期是养成良好睡眠习惯的关键期。培养婴幼儿良好的睡眠习惯需要从下面三个方面着手。

1. 保证充足的睡眠时间

由于婴幼儿神经系统发育尚不完善，大脑皮层神经细胞耐受力小，极易疲劳，睡眠时间相对需要较长。一般来讲，新生儿需要20个小时的睡眠；2个月的婴儿需要16～18个小时的睡眠；4个月需要保证15～16个小时的睡眠；1岁时需要13～14个小时的睡眠；2岁时需要保证12～13个小时的睡眠。

2. 养成独自睡眠的好习惯

如果家庭条件允许，应尽量让婴幼儿单独住一个房间或单独睡一床，从小养成孩子独自睡觉的习惯。不要养成睡前家长抱着、哄着、拍着、摇着入睡的不良习惯，尽量让孩子自然入睡，睡前可以给孩子听一些舒缓的乐曲，帮助孩子入眠。

3. 良好的睡眠姿势

最好选择右侧卧的睡姿，这样不仅能使肝脏获得更加充足的血液，促使新陈代谢更加旺盛，还有利于胃肠蠕动、促进消化，也能减少对心脏的压迫。

此外，对于新生儿，还要养成晚上睡觉、白天活动的良好习惯。遵循大自然的昼夜作息规律和人的大脑的活动特点，有利于婴儿在白天活动时接受丰富的刺激以促进大脑皮层的发育，在晚上睡眠时得到充足的休息。

（二）饮食习惯

婴幼儿时期是生长发育的关键期，因此需要能基本保证婴幼儿营养需求的合理而有营养的“平衡膳食”，并使婴幼儿形成良好的饮食习惯。

首先，吃饭定时定量、不偏食、不挑食、不吃零食。家长应该帮助孩子养成按时吃饭的好习惯，尽量不给孩子吃零食；不要过分满足孩子的要求，不能孩子想吃什么就给什么，以免养成偏食、挑食的坏习惯。其次，要养成专心吃饭的习惯，不要边吃边玩。家长要尽量为孩子提供安静、舒适、便于愉快进餐的环境，不要让孩子边吃饭边玩玩具或边看电视。最后，吃饭要细嚼慢咽。家长不要过于催促，以免影响食物的消化以及引起幼儿的厌食情绪。

（三）排泄及卫生习惯

良好的排泄习惯，有两层含义，一是指孩子能够自己控制便溺，不随意排便。对孩子进行大小便自我控制的训练，是婴幼儿期的主要内容。孩子学会自如地控制大小便是入学的一个必要准备，同时也能提高孩子的自信心。对孩子的排便训练要把握时机，不能过早也不能过晚。研究表明，在1.5～2岁之间开始训练为宜，因为只有随着感知动作的发展和自控能力的增强，孩子才有可能学会大小便的自我控制。过早训练不符合小儿生理机能成熟程度，收效甚微。在训练时，家长要注意方法和态度，在孩子控制不好时，不能责骂和惩罚，要耐心、和蔼地给孩子以帮助。否则，会使孩子幼小的心灵笼罩上一层焦虑和恐惧的阴影，不但学得慢，还会留下较深的心理创伤，甚至形成遗尿的毛病。二是指养成孩子每天按时大便的习惯，每次大便时间不能太长，一般5分钟以内即可。

此外，培养孩子爱清洁、爱干净、勤洗手、勤洗澡的卫生习惯，以及培养孩子的独立生活能力。在日常生活中，家长切忌事事包办、过分保护，要相信孩子有独立做事的能力，引导和帮助孩子做力所能及的日常小事，比如自己吃饭、自己穿衣、洗脸等。

二、良好个性的塑造

个性是指一个人的整体精神面貌，具体是指具有一定倾向性的心理特征的总和，包括个性倾向性和个性心理特征两个方面。个性倾向性主要是指人的兴趣、需要、动机、理想、信念等因素；个性心理特征是个性中最稳定的部分，主要指人的气质、性格、情绪、情感、能力等方面的特点。个性一般在2岁左右开始萌芽，3～6岁具有雏形，20岁左右才逐渐定型。个性是后天受周围的人和环境教育的影响，在长期的生活实践中反复巩固而逐步形成的。新生的婴儿是自然的生命体，心理发育不完全，还不具有人的个性。因此，幼儿的个性具有极大的可塑性，家长要抓住这个关键期培养幼儿良好的个性，为日后其良好个性的形成奠定基础。

（一）了解幼儿的气质类型，给予适当的教育

每个人一出生就具有独特的气质类型。人的气质类型一般分为四类，即胆汁质、多血质、黏液质和抑郁质。

1. 胆汁质

胆汁质的幼儿容易激动，重感情。家长要热爱和关心他们，当他们犯了错误时，要用信任和委婉的口吻批评，不要训斥；家长要特意安排他们做一些细致活儿，培养他们耐心细致的品质；家长要特别注意培养他们的抑制能力，不能过分满足他们的需要。

2. 多血质

多血质的幼儿对人亲切，善于交往，语言表达能力较强，但是注意力常常不太集中，做事浮躁、有头无尾。所以家长要特别注意培养他们的注意力，从小事入手，要求他们做事时必须专注、投入，尽心尽力地做好每一件事。当孩子在决定做一件事之后，要求他们持之以恒，耐心细致地坚持做完，促使其逐渐养成专注持久、刻苦耐劳的品质。

3. 黏液质

黏液质的幼儿动作比较迟缓，注意力不易转移，中规中矩，老实听话。家长可以和他们玩一些训练灵敏度和速度的游戏，如比赛穿衣、洗漱等；他们常对周围的事物漠不关心，要特别培养他们关心他人和集体的态度，引导他们与外界积极交往。

4. 抑郁质

抑郁质的幼儿比较沉闷、孤僻、胆怯、缺乏信心。对他们要特别亲切，多给予关怀，鼓励他们与他人接触交流，鼓励他们多参加集体活动；对于这一类型的幼儿要特别注意培养他们的自信心，帮助他们克服胆小怯懦的缺点。

总之，家长一定要时时、处处做有心人，在日常生活中细心观察孩子，根据孩子的具体个性特征给予恰当的教育，以有利于孩子日后的成人成才。

（二）从小培养幼儿形成良好的性格

性格是一个人区别于其他人的最鲜明且稳定的心理特征，是个性心理特征中最本质、最核心的部分，良好的性格是一个人成功的前提。幼儿由于生活经验不丰富，自我意识、判断能力、荣誉感等均不稳定，对人对事还不能做出正确客观的评价，性格相当不稳定。因此，在幼儿性格形成的关键期，家长要给予积极引导。

家长要根据幼儿的先天特点区别对待。比如对偏内向的孩子，要鼓励他们多说话，多给予他们表扬与鼓励，培养他们活泼开朗的性格；对待偏外向的孩子，要培养他们稳重、踏实、认真、善于克制自己的性格品质。

家长要创造和谐的家庭氛围。人是环境的产物，环境对人的影响非常大，尤其是幼儿。幼儿易受外界影响，其最初的性格和习惯的形成在很大程度上受环境的影响。因此，家长要给孩子创设一个和谐、幸福的家庭环境，使孩子沐浴其中并逐渐内化为孩子性格中的良好因素。

家长要为幼儿树立好的榜样。幼儿的模仿性极强，做家长的一定要注意自己在日常生活中的言行举止，为孩子起到良好的表率作用。

家长要平等地对待幼儿，把幼儿看作一个有能力的独立个体，要尊重幼儿，为幼儿提供民主的生活环境。

除了以上两点之外，家长在平时要注意多观察幼儿，及时发现幼儿的兴趣并加以正确的启发和引导。由于幼儿的情绪外显、易变、不稳定，家长要为幼儿树立良好的情感榜样，培养幼儿认知并控制自己情绪的能力。良好的意志品质对于幼儿来讲也是非常重要的，因此家长要有意识地培养幼儿不怕困难、坚强的意志品质，还要为幼儿提供丰富的刺激，促进婴幼儿的感官训练与智力开发。凡此种种，都将随孩子的成长慢慢渗透其中，在孩子性格形成的过程中起到积极的推动作用，有助孩子良好性格的形成。

三、语言能力的培养

由于不同阶段语言发展的侧重点有所不同，下面分别介绍0～3岁和

3～6岁这两个阶段婴幼儿语言能力的培养重点。

（一）0～3岁幼儿的语言能力培养

孩子从出生时只会用哭声来表达自己的需要与情感，到1岁半左右能够用语言来表达自己的愿望，这是一个质的变化。2岁左右是幼儿口语发展的关键期，这一时期的主要任务是培养孩子的口语表达能力，具体地说就是要教会孩子会听话和会说话。会听话是指在孩子的生活经验范围内，能听懂别人说的简单的词、句并做出相应的反应，要求孩子能够听得准确、反应敏捷且无错误；会说话是指能运用已掌握的词汇和短句与别人交谈或向别人表述某件事、表达自己的愿望和感情，要求孩子能够说得清楚、明白，尽管不能非常连贯，但是能在借助手势语和表情之下准确表达自己的意思。

在1.5岁之前，主要是培养孩子的听话能力。首先，家长在平时要与孩子多说话，给孩子提供丰富的语言环境，尽量说标准的普通话并且注意发音时的口型、表情等，为孩子开口说话提供好的榜样。其次，由于孩子认知过程带有明显的具体性，家长要在教孩子说话时将说话的内容与具体事物或活动联系起来。比如给孩子穿衣服时，可以边穿边说“妈妈在给宝宝穿衣服，这件衣服是红色的”，在开灯或关灯时可以教孩子边开、关灯边说话，同时教孩子认识灯的开、关现象等。

在孩子1.5～3岁期间，主要任务是培养孩子的说话能力。首先，家长要尽量用规范的普通话、书面语言，用孩子能够听得懂的语言与孩子交谈，但家长和孩子都要尽量避免使用如“饭饭”“菜菜”“果果”等重叠字，以为孩子今后理解和使用书面语言奠定基础。其次，家长要鼓励孩子多说话，鼓励孩子用自己的语言来表述生活中的见闻和感受。再次，父母和家庭其他成员要养成认真、耐心、仔细、有兴趣地听孩子讲述的好习惯，即使家长很忙也不能表现出厌烦情绪，更不能粗暴地打断孩子的讲话；成人良好的态度是鼓励孩子把话说下去且说得好的重要条件之一。最后，家长还可以对幼儿进行专门的口语训练，比如看图说话、讲故事、说儿歌、说顺口溜等。

（二）3～6岁幼儿语言能力的培养

3岁的幼儿基本能够听得懂成人说话，并且能够比较清楚地表达自己的意愿与想法。这一阶段的主要任务是继续训练幼儿的口语表达能力，并且扩大幼儿的词汇量，培养幼儿的阅读兴趣。

丰富幼儿的词汇量，需要家长有意识地进行。首先，在日常生活中，家长与孩子谈话时，要生动形象地向幼儿介绍他们周围的事物和活动名称。比如在吃饭时，引导孩子准确地讲出餐具与食物的名称；在玩时，让孩子说出玩具、运动器械的名称等。其次，扩大孩子的活动范围。3岁以前，孩子的主要活动范围是家；3岁以后，随着孩子活动能力的增强，家长可以带孩子去逛街、去公园、郊游等，在游玩中，家长要有意识地鼓励孩子讲出他们的见闻以扩充其词汇量。最后，家长可以引导孩子看图片讲述事物或故事，并在此过程中提出难度适当的问题让幼儿思考并回答；家长可以先示范然后让幼儿模仿，但示范一定要规范、详细。这一阶段，除了扩充幼儿的词汇量以外，家长还要通过为幼儿选择一些适合幼儿阅读的图书来培养幼儿的阅读兴趣，让幼儿从小养成爱读书的好习惯。

第二节　童年时期的家庭教育

童年时期是指6、7岁～12、13岁上小学的这一年龄阶段，这一时期是个体发展的又一个关键期。个体由无拘无束的顽童变为有明确学习任务并承担一定社会责任和义务的小学生，这一转变对个体的影响是巨大的。角色的转换、社会地位的变化以及学习、生活环境的改变都将使童年时期孩子的生理和心理发展有其自身的特点。故此阶段孩子身心发展如何，家庭教育该如何进行，将是本节主要探讨的问题。

一、童年时期儿童的身心发展特点

人从出生时的一无所知到经历了充满无限自由、无比快乐的幼年生活，直到6岁左右开始，进入了人生发展的第二个关键时期，即童年时期。处于童年时期的儿童，其身心发展处于一个相对平稳的时期。

（一）儿童的生理特点

在童年时期，儿童的身体发育不是很明显，处于一个相对稳定的时期，具体表现为以下特点。

1. 身体发育较为平稳

身高是人体高度的指标，是正确估计身体发育特征和评价生长速度不可缺少的依据；体重是在一定程度上反映儿童骨骼、肌肉、皮下脂肪和内脏重量增长等综合情况的指标。小学阶段儿童的身高、体重增长比较平稳，身高平均每年增长4.5～5厘米，体重平均每年增长2.5千克左右。儿童的骨骼发育比较迅速，但是很多软组织还未发育完善，易变形弯曲，易脱臼但不易骨折。儿童的肌肉发育还不完全，含水分多而蛋白质少，故肌肉韧带力量小，缺乏耐力，易疲劳。因此，针对童年时期儿童骨骼、肌肉的发育特点，不能让他们的骨骼、肌肉过多承重，以免影响发育和带来损伤。

2. 神经系统发育特点

童年时期儿童大脑的重量显著增加，6岁时为1200克，到9岁时为1350克，到12岁时达到1400克，基本接近成人的脑重。大脑额叶显著增大，额叶在解剖上是成熟最晚的，这标志着儿童向成熟迈进了一步。此时，大脑的机能也日益完善。6～7岁时神经髓鞘化已完成，条件反射易形成、易巩固且不易泛化。儿童的高级神经活动的基本过程——兴奋和抑制的机能也有了一定的发展并逐渐趋向平衡，这为儿童能够和外界事物建立更多的暂时联系，为儿童学习更多的东西并对所学内容加以准确分析，并能更好地支配自己的行动提供了生理上的保证。为此，家长要注意保证儿童足够的睡眠时间（7～9岁需11小时，10～11岁需10小时，12岁需9～10小时），以促进儿童神经系统的正常发育。

（二）儿童的心理特点

童年时期是儿童心理发展的重大转折时期。在生活上，儿童从以游戏为主导活动的幼儿园生活，逐步转入以学习为主导活动的学校生活，开始感受到学习、环境等方面给他们带来的压力。在思维方式上，将由具体形象思维逐步向抽象逻辑思维过渡。具体来讲，这一阶段的儿童具有以下心理特点。

1. 认知发展

儿童的认知特点最主要表现在思维的发展上，即由形象思维过渡到抽象逻辑思维，但这种抽象逻辑思维在很大程度上仍然是与直接经验和感性经验相联系的，仍然有很大成分的具体形象性。儿童思维过程的发展突出体现为概括能力的发展。在整个小学期间，儿童的概括能力的发展逐渐从对事物外部感性特点的概括地转为对事物本质属性的概括，逐渐从对少数简单事物的概括发展到对复杂事物的概括。小学阶段儿童概括能力的发展大致经历了如下三个阶段。

第一阶段，直观形象水平阶段。主要是指低年级（7～8岁）儿童的发展水平。他们能够概括事物的特征或者属性，但更多注意到的是事物直观的、形象的、外部的特征或属性。

第二阶段，形象抽象水平阶段。主要是指二、三年级（8～9岁）儿童的概括水平。他们的概括能力处于形象水平向抽象水平的过渡状态。概括中直观的、外部的特征或属性逐渐减少，而抽象的、本质的特征或属性的成分不断增加。

第三阶段，本质抽象水平阶段。主要是指高年级（10～12岁）儿童的概括水平。由于儿童生活经验的不断丰富和智力活动的锻炼，此时的概括开始以本质抽象为主，初步地接近科学的概括，但是与高度抽象概括还相距太远。

儿童认知的发展，除了思维的明显变化外，观察力、注意力、记忆力、想象力的发展与幼儿时期相比，也有明显的进步。具体表现在：儿童观察的精确性明显提高，随意性减弱，而目的性增强；儿童的注意由低年级的无意注意占主导逐步发展为高年级的有意注意占优势，由容易注意那些具体形象生动的事物到开始关注并表现出对抽象逻辑性强的事物感兴趣；儿童的记忆也由以无意记忆、具体形象记忆、机械记忆为主发展为以有意记忆、抽象逻辑记忆和意义记忆为主；儿童想象的有意性迅速增长，想象中的创造性成分日益增多，而且想象更具有现实性。

2. 情绪情感发展

随着年龄的增长，儿童的情绪情感也开始呈现出新的特点。由于儿童生活经验的不断增加，生活范围的不断扩大，情绪情感的内容日益丰富。比起幼儿期易外露、易波动、不稳定的情绪情感特点，童年时期儿童情绪情感的稳定性和深刻性不断增加，儿童调节与控制自己情绪情感的能力相应增强，情绪情感也表现出内隐性。所谓内隐性，指的是随着心理活动水平的提高，幼儿能够逐步调控并掩饰自己内心的情绪情感而不是马上发作。比如在学校遇到不愉快或伤心的事情时，能够抑制住等放学回家见到亲人时再诉说委屈并放声大哭。另外，高级社会情感也开始出现，比如道德感、理智感、美感等都逐步发展起来。儿童的意志在童年时期也有较大的发展，体现在儿童意志的目的性、持久性、自制性与果断性等方面的发展。

3. 自我意识与性格发展

相对于婴幼儿时期的孩子来讲，童年时期儿童的自我意识不断丰富化、整体化，个体的整体性自我意识不断觉醒，主要体现为儿童自我评价能力的发展。儿童的自我评价由比较笼统的评价发展到对自己不同方面能力的评价；由顺从别人的评价发展到有独立见解的自我评价；对自己的评价由以外部行为评价为主发展到初步对内心品质的评价。儿童的自我意识由即瞬式的感受发展为比较稳定的自我认知。儿童的性格也在不断参加集体活动以及与同伴的交往过程中逐步稳定起来，有了初步的集体感，开始知道团结同学、相互帮助，对自己和他人都有了比较稳定的态度。

4. 言语发展

在童年时期，儿童已具备了基本的言语交际能力，已经能够运用比较丰富的口头词汇来正确表达自己的思想。但是，语言的逻辑性和连贯性不够完善，内部言语还很不发达，也不善于掌握书面言语。具体地讲，儿童言语发展的特点主要体现在以下几个方面。

在儿童口头言语的发展方面。口头言语分为对话言语和独白言语两种，低年级的儿童以对话言语为主，二、三年级时独白言语开始发展，小学高年级的儿童口头言语表达能力初步完善，会说比较完整的合乎语言规则的句子。

在儿童书面言语的发展方面。儿童在入学初期，口头言语已经有了很好的发展，但是书面言语还非常贫乏，儿童书面言语的发展远远落后于口头言语的发展。儿童时期是获得书面言语的关键期，主要通过识字、阅读与写作活动来获得。

在儿童内部言语的发展方面。内部言语是一种无声言语，其重要特点是，先想后说或先想后做，对有关自己所要说的、所要做的思想活动本身进行分析综合，用批判的态度来对待自己的思想内容和思维活动。也就是说，儿童的内部言语具有内隐性和简约性的特点。内部言语的发展与思维发展水平密切相连。低年级儿童能够在运算中短时间内运用无声言语，高年级儿童在计算、阅读中，无声言语逐步占主导。

二、童年时期家庭教育的策略

孩子从走出家庭，走进幼儿园，而后进入小学开始系统地学习人类文化知识，家庭教育的主要任务由养成教育转变为培养儿童会学、乐学。具体包括：培养儿童的学习兴趣，使其养成良好的学习习惯；正确对待儿童的学习成绩；培养儿童的创造性思维；培养儿童的良好个性等方面。

（一）培养儿童的学习兴趣，使其养成良好的学习习惯

由幼儿园进入小学，儿童的活动由以游戏为主逐步转变为以学习为

主，即学习成了儿童的主要任务。对于刚入学的儿童来讲，培养其对学习的兴趣甚为重要。为了让儿童对学习产生兴趣、喜欢学习，愉快并轻松地学习，必须使其养成良好的学习习惯。

1. 培养儿童的学习兴趣

俗语讲“兴趣是最好的老师”。兴趣，是一个人积极地认识事物的一种心理倾向，是行动的动力。儿童的心理发展水平决定了他们的学习更多地凭借兴趣推动。因此，家长要积极引导儿童，善于观察并发现儿童学习的兴趣。

儿童的学习兴趣主要包括对书本、对学校和对学习本身的兴趣。为了培养儿童从小就喜爱书本、喜欢阅读的兴趣，家长可为儿童购买设计美观、内容丰富的课外读物，也可带儿童到图书馆阅读各式各样的图书，让儿童明白书本是将来学习的主要工具，想知道的东西都可以从书上学到，进而激发儿童对书本的兴趣。为了让儿童喜欢上学、喜爱学校，家长可利用闲暇时间带儿童到各种小学去参观，培养孩子对丰富的学校生活的兴趣。初入学的儿童对学习本身最感兴趣的不是其内容，而是各式各样的学习过程与学习活动，家长要配合教师为儿童学习提供丰富多样的学习方式。此外，家长要善于观察儿童，及时发现儿童的兴趣点，并通过提出有一定难度、值得思考的问题等途径来激发儿童的好奇心与学习兴趣。

2. 养成良好的学习习惯

良好的学习习惯是提高学习效率、保证学习质量的关键。小学阶段的儿童刚刚开始正规的学习生活，这一时期是良好学习习惯养成的关键期。因此家长要尤为重视。良好的学习习惯主要包括以下几个方面的内容。

首先，家长要为孩子提供一个安静、舒适的学习环境，以便于孩子能集中精力地专心学习。有条件的话，最好让孩子有一间自己的房间，房间内物体摆设要简单有意义，比如可以在墙壁上贴一些如牛顿、爱因斯坦等科学家的画像，以激励孩子爱学习、爱思考；房间的采光条件要好，学习的位置要科学合理，一是桌椅高度要符合儿童的身高比例，即桌椅比例以孩子坐下其上身挺直时，手肘能平放桌面为合适。二是要求孩子做到“三个一”的正确书写姿势，即身体距离桌子一拳，书本距离眼睛一尺，握笔的手距离笔尖一寸。三是做作业时光线充足，亮度合适，光线源自左前方；四是引导孩子正确使用、整理、爱惜学习用品，爱护书本和保持书本清洁等。

其次，家长要对孩子的家庭作业给予合理辅导，不能过度包办，也不能放任自流，要督促孩子自觉、按时、保质保量地完成作业，养成良好的学习习惯。一是培养孩子认真专注做作业的习惯，要求孩子在做作业时心神专注、投入，不能边玩或边看电视边做作业，并养成完成作业后自觉认真检查的好习惯。二是培养孩子独立做作业的好习惯，要求孩子独自完成作业，如遇到难题时要独立思考解决，不能轻易求助，如求助家长，家长也不能直接告知答案，要学会等待、不可急于求成，要巧设问题、多方启示，引导孩子善于思考、勤于思考，启发孩子从书中寻求解决的办法，体验成功的快乐，如果直接告知孩子答案，就会养成孩子的依赖和懒惰思想，不利于孩子独立学习与思考。

（二）正确对待儿童的学习成绩

孩子的学习成绩是每位家长最为关心的事情，而家长对待孩子学习成绩的态度会直接影响孩子的学习动机。一些家长过分看重孩子的考试成绩，考得好与否家长对孩子的态度判若两人，如孩子考得好，全家高兴而因此放松对孩子的要求，不讲原则地满足孩子的不合理要求；反之，考得不好，全家垂头丧气，犹如末日来临，训斥甚至打骂孩子。如此长而久之，孩子会慢慢认为自己学习很辛苦，是在为家长学习，考得好家长有面子，考差了自己受苦，由此逐渐引发对学习的恐惧感而厌学、逃学，甚至离家出走。

因此，家长要正确对待孩子的学习成绩，家长应该多做纵向比较，尽量少做横向比较。只要孩子的学习成绩比以前稍有提高，家长就应该给予肯定与鼓励。家长要信任孩子，要时刻关心孩子，要看到孩子学习上微妙的变化，点滴的进步，对孩子多鼓励、多肯定，少斥责、少否定，不以考试论英雄，更不能因考试成绩改变对孩子学习上的一贯要求。更重要的是，家长要教育孩子懂得学习是自己的事情，好好学习并非为了获得某种利益，而是为了自己今后的发展。

（三）培养儿童的创造性思维

21世纪需要的是具有创新能力、创造性思维的人才。年幼的儿童活泼好动，思维灵活，处于创造力萌芽的阶段，是创造性思维发展的关键时期。因此，作为家长，就要对孩子多给予鼓励、赞扬和支持，以发展他们的创造力。

1. 在民主自由的家庭环境氛围中，培养儿童的创造性思维

良好的家庭环境氛围是儿童进行创造的前提条件。良好的环境氛围是指家庭成员之间以及家长与孩子之间感情融洽，相互之间相处轻松愉快，家长尊重孩子的意愿，民主平等地对待孩子。只有这样的和谐氛围才有助于孩子创造力的发展。如果家庭成员关系紧张，经常吵嚷并责骂孩子，会使孩子害怕、压抑而不敢表达自己的想法与意愿。因此，家长要让孩子感受到他们的爱与尊重，引导孩子在民主和谐的氛围中充分发挥创造的潜能。比如，在平日生活中，家长可以让孩子自编故事、自制玩具、自编舞蹈等，这些都能促进儿童的创造性思维发展。

2. 在实际动手操作中，培养儿童的创造性思维

创造性思维是在儿童实际动手操作中及独立解决问题中逐步发展起来的，因此，家长在家庭教育中要引导和启发孩子多看、多听、多做、多想，放手让孩子自己动手做力所能及的事情，切忌事事过分包办代替。在日常生活中，在发现孩子有与众不同的思维方式和带有创造性的火花时，家长要给予肯定与鼓励；在孩子遇到困难与障碍时，家长要鼓励孩子不怕困难，并想办法解决难题，需要的话要给予适当的支持。总之，在生活细节中鼓励孩子，使其敢于并善于创造。

3. 在与周边环境的积极互动中，培养儿童的创造性思维

丰富的生活和知识经验是创造力发展的基本条件。家长可以利用闲

暇时间带孩子到博物馆、美术馆、展览馆去参观；可以带孩子到公园、郊外的大自然中去观察；引导孩子收看动物世界、科技博览等电视节目，阅读科普读物，做科学小实验，饲养小动物等来开阔孩子的眼界，丰富其知识经验。鼓励孩子与周围世界多接触交往，善于观察、发现，在与环境的互动中，培养孩子的创造性思维。

（四）培养儿童的良好个性

处于小学阶段的儿童，刚刚走出家庭，开始接触集体生活环境，个性具有相当大的可塑性。因此，家长要抓住这个关键期，对其进行积极引导，培养孩子的优良个性，为其一生的发展奠定基础。

1. 培养儿童敢于克服困难的坚强意志

在日常生活中，难免会遇到这样那样的困难，培养儿童具有坚强的意志品质对他们的健康成长有着非常重大的意义。家长可以通过以下途径来培养孩子的意志品质。首先，家长要以身作则，为孩子树立好榜样。在生活中遇到困难时，家长不应消极逃避，而要积极面对，并表现出不屈不挠的坚强意志力。其次，家长要创设一定的环境，为孩子提供磨炼意志的机会。比如，在日常生活中，家长要敢于放手让孩子做其力所能及之事，不能凡事包办而使孩子失去锻炼的良机；家长还可以鼓励孩子多参加户外活动，如参加夏令营、冬令营等训练，在活动中锻炼坚强、果敢、不畏困难、吃苦耐劳的意志品质。最后，家长要为孩子指出明确的学习、生活目的。目的是行动的指南和不竭动力，要使孩子明白学习、生活的意义是为了获得个人将来的发展和祖国发展的需要，这样即使遇到困难与挫折，也会坚持下去，不会轻言放弃。

2. 培养儿童遵纪守法、严于律己的自律意识

孩子从无拘无束的幼儿园走进有正规学习、生活的小学，刚刚开始接触纪律，因此家长要给予高度重视，抓住时机培养孩子守纪律的好品质。首先，家长要让孩子知道遵守纪律的重要性。平时可以带孩子到一些公共场所如车站、码头、超市等实地参观，让孩子亲身感受纪律与秩序的重要性；其次，家长要配合学校教育，督促孩子自觉遵守课堂学

习纪律以及学校的常规作息制度、清洁卫生制度等；最后，家长可以带孩子参加一些社会活动，在实践活动中培养孩子遵纪守法的好品质，比如，聆听音乐会要知道保持会场的安静，过马路要遵守交通规则等。

3. 培养儿童集体主义道德感、同情心等高级情感

孩子进入小学后，可以接触很多的同伴，过比较正式的集体生活，让孩子学会关心集体、关爱同伴对孩子今后成长、成人非常重要。为此，家长应该做到以下几点。

第一，从日常生活小事抓起，培养孩子关心他人的好品质。比如，平时家里有客人到了，家长要鼓励孩子为客人搬凳子、拿碗筷等；再如，邻居家的叔叔阿姨上夜班需要白天休息，就要让孩子保持安静等。

第二，培养孩子的同情心。比如，坐公交车时，遇到老弱病残者要主动让座，看到邻居家里有病人要主动去关心帮忙等。

第三，鼓励并支持孩子多参加集体活动，在集体中学会帮助他人，为集体着想。比如，参加学校的集体劳动、课外活动等。

4. 培养儿童勤俭节约、热爱劳动的高尚美德

勤俭节约是中华民族的传统美德，家长要让孩子从小就认识到勤劳俭朴、热爱劳动对个人及社会的重要性，让孩子认识到贪图享乐、不思进取的危害。因此，家长首先要严于律已，做勤俭节约的典范，不大吃大喝、爱慕虚荣、贪图享受。在日常生活中，家长要引导孩子做一些力所能及的家务活，使其养成热爱劳动的好习惯。其次，家长可以为孩子讲一些勤俭节约的生动故事与案例，以此引导孩子学习同伴榜样身上的好品质，让孩子从小养成勤俭节约、热爱劳动的高尚美德。

第三节　青少年时期的家庭教育

青少年时期是人生发展的关键期，是个体由幼稚走向成熟、由儿童走向成人的一个过渡时期。青少年时期是指11、12岁到17、18岁这段时

间，也即初中、高中阶段。这一阶段是个体的世界观、人生观、价值观形成的重要时期，因此家长要给予足够的重视与指导。

一、青少年身心发展特点

青少年时期，是人的生长发育的第二个高峰期，被人们称作“暴风骤雨”期，也被称为“第二次心理断乳期”。这一时期，个体的生理和心理都发生了巨大的变化。这个时期，又可分为少年期（初中阶段期）和青年初期（高中阶段）两个阶段，下面将分别阐述初中生与高中生的身心发展特点。

（一）初中生的生理心理特点

少年期主要是指11～14岁这一时期，即初中阶段。处于少年期的初中生，出现了类似于婴儿期的“日新月异”的变化，具体体现在生理与心理两个方面。

1. 生理特点

初中生的身高、体重陡增，脑和神经系统不断完善。

（1）身体外形的变化

处于少年期的初中生，其身高、体重发生了很大变化，男女身高每年平均增加6厘米左右，体重平均每年增加4千克左右。一般女生的生长发育比男生早1～2年，女生一般在11、12岁时开始迅速增长，而男生一般在13岁时开始快速发育，并且很快就赶超女生。此时，少年的骨骼迅速增长，肌肉也变得结实有力；但身体各方面的生长发育不太均衡，如骨骼的生长超过肌肉的生长，尤其是下肢增长较快，超过身体躯干的增长，因此显得手长腿长、体型不太协调。

（2）心、脑和神经系统的发育

初中生大脑皮层细胞的机能与结构都发生了很大变化，联络神经纤维在数量上大大增加，联络神经元的结构和皮层细胞机能也不断形成。大脑神经活动的兴奋性比较高，大脑功能由第一信号系统很快转变到第二信号系统，并占主导地位。所谓第一信号系统，是指人脑与动物的大脑都具有的条件反射机制，也即对具体的、现实的第一信号形成条件反射。例如，吃过酸梅的人，只要一看见酸梅就有唾液分泌。所谓第二信号系统是指人类所特有的条件反射机制，即对语言刺激、抽象信号等能形成条件反射。例如，“谈虎色变”，人并没有见到具体的虎的形象，但是一个“虎”字就使人脑联想到具体的虎，引起恐惧的心理反应。人类的高级神经活动是第一信号系统和第二信号系统共同活动相互作用的结果。但少年期儿童神经系统的发育，特别是神经系统对运动的调节方面跟不上身体的增长，从而使少年期儿童的运动协调能力较差，与童年期相比反倒显得有些笨手笨脚。除此之外，少年期儿童由于心脏的发育较血管及身体各器官系统的生长缓慢，会经常出现心跳较快、血压偏高、头部不适以及容易疲劳等现象，主要因心脏活动出现机能障碍所致。

2. 心理特点

处于少年期的初中生，其感知、注意、记忆、思维等认知过程日益成熟，情绪意志、自我意识等也有了很大变化，独立性日益增强，世界观、人生观也开始形成。

（1）认知发展特点

初中生的感知能力相对童年时期儿童有了显著的发展。视觉感受性，10～12岁比7岁时增长率可达60%；听觉感受力，如辨音能力，10岁时是6岁的3～4倍；知觉能力，从明显的无意识性和情绪性发展到有意识性、有目的性，到11～12岁时能长时间有效地知觉事物。初中生的注意力、记忆力比学龄初期儿童有了显著的发展。初中生的记忆以有意记忆、意义记忆为主，记忆的目的性、长时性有所增强，能将记忆与联想结合起来，能在理解的基础上记忆等；注意的集中时间明显增加，注意的有意性、目的性和稳定性显著加强，能有意识地控制和调节自己对事物的注意，注意力的分配能力也有所发展。初中生的思维发展的主要特点是：抽象逻辑思维日益占主要地位，但思维中的具体形象成分仍然起着重要作用。也就是说，初中生在进行抽象逻辑思维时，需要感性经验或感性材料做支撑，逻辑推理能力尚在不断发展，思维的独立性和批判性有所发展但还带有明显的主观性和片面性。

（2）情感、意志发展特点

初中生的情感表达强烈、丰富、外显，但同时也敏感、脆弱、易偏激，情绪不太稳定，忽而振奋激昂，忽而失落沮丧，不易预测，情绪自控能力还有待进一步发展。初中生在意志方面也有了明显的发展，对自己行为的自控能力较以前有显著的增强，对自己行动的目的性、活动的目标性认识日益清晰，为了达到目的、实现目标，能够付出努力、克服困难。但是，在群体活动中，易受他人的影响而失去理智，失去对自己行为的控制，易受别人的诱惑等，自身的判断能力的发展还有待完善。

（3）自我意识的发展特点

自我意识是指个体对自己的认知和态度。少年时期是自我意识高涨的时期。自我意识在2岁左右萌芽，经过了幼年期、童年期的发展，发展到青少年时期，呈现出以下特点。一是初中生关注自己的内部精神世界、内心品质，开始去了解别人的和自己的个性特点，并开始关注自我内心体验，开始自我评价。二是初中生能够更加自觉地评价别人和自己的个性品质。随着年龄的增长，青少年先学会如何去评价别人，然后逐步学会以别人为“镜子”来评价自己，他们对别人或对自己品质的评价能力日益发展起来。三是初中生对别人或对自己的个性品质的评价能力尽管发展起来了，但是与成人相比还是不高，带有不稳定性，而且他们的评价往往不客观，带有明显的主观性和片面性，对自己的评价落后于对别人的评价，往往高估自己而苛求别人，评价太笼统且模糊。

少年时期的孩子，成人感和独立感开始产生，随着身体的加速发育和成熟，意识到自己是个大人了，希望家长像对待成年人一样对待自己，并力图摆脱对家长的依赖以及成人对他们的管束。这种成人感和独立感的产生，使他们的自尊心日益增强，更加要求人格上的独立，不希望家长事事都管着，要求自己有适当的个人权利等。因此，他们经常因观点相异与同伴发生争吵，顶撞教师、家长，且往往情绪偏激、坚持己见、妄下结论。

（二）高中生的生理心理特点

青年初期是指15～18岁这一时期，即高中阶段。处于青年初期的高中生，与处于半幼稚半成熟的初中生相比，其身心各方面的发育都已经达到了相当成熟的阶段，具体表现在以下方面。

1. 生理特点

经历了少年期暴风骤雨式的成长发育，处于青年初期的高中生，其生理上已基本成熟。高中生的身体发育已接近成人的水平。他们的身高和成人差不多，骨骼已全部骨化，肌肉力量也在不断增强，具备了独自从事体力劳动的能力；他们的皮质结构和机能方面也已发育完成，并运到成人水平；脑和神经系统的发育也基本成熟，接近成人水平；17岁时，脑重量已经达到成人1400克的水平；性机能的发育也已经成熟，从而对两性关系有了进一步的认识。

2. 心理特点

与初中生相比，高中生的心理发展水平已经基本接近成人，具体表现在认知、情绪情感意志及自我意识三个方面。

（1）认知发展特点

与初中生相比，高中生的观察水平不断提高，观察具有目的性和系统性，观察更加全面深刻，能够发现事物的本质，抓住事物的细节，但是也存在一些缺陷和不足，如观察的程序不够恰当、观察的精确性不够、急于下结论等。注意的集中性和稳定性有了很好的发展，注意的范围也到达了一般成人的水平，能够在复杂活动中很好地分配注意力，对自己不感兴趣的材料也能集中注意力。记忆的发展也达到新的水平，能够很好地完成一定目的的记忆任务，能够更多地运用意义记忆来组织记忆材料。思维日益摆脱具体形象的支持，具有更高的抽象概括性，并开始形成辩证逻辑思维，思维的组织性、深刻性、批判性和独立性得到高度发展，并开始出现反思性思维。

（2）情绪、情感、意志发展特点

与初中生相比，高中生的情绪、情感稳定性日益增加，能够恰当地表达自己内心的情绪、情感体验。高中生情感的个人体验日益深刻，开始向较深、较细的方向发展，产生了对幸福等的体验；情感的社会内容也日益增加，集体主义荣誉感、道德感、美感等都有所发展，对民族、国家的前途命运开始关注。高中生的意志与初中生相比，也有了明显发展。对自己情绪的自控能力有明显的提升，对自己的行为、活动有了明确的认识，在群体活动中，能坚持自己的原则，不易受他人的影响与诱惑等，对事物也有了自己的明辨能力，为了达成目标能够克制自己，付出努力，迎难而上。

（3）自我意识发展特点

高中生的自我意识与初中生相比，有了进一步的发展，呈现出一些新的特点：高中生能了解自己的内心世界，能自觉地按照一定的目标和准则来评价自己的品质和能力；高中生的自我评价能力一般能提高到具有概括性的个性品质上及价值观立场上来分析自己。比如有的学生会这样评价自己：热情大方、意志坚定、做事有原则性等，这就是从概括性的个性品质上来进行自我评价。当然，高中生的自我意识也有不成熟的地方，比如，高中生对自己的分析评价还没有达到全面而深刻的水平；他们在评价自己时，往往只说优点而不愿过多地提及自己的缺点，即使有些学生能客观地评价自己，但是他们对自己优、缺点的认识也只是表面的，没能找到最本质的东西。总之，高中生的自我意识尽管还存在一些不足，但总体发展已接近成熟水平。

二、青少年时期家庭教育的策略

（一）科学的性心理教育

伴随着性生理的发育成熟，青少年开始对异性产生好感与倾慕之情；由于性生理成熟速度先于性心理的成熟，再加上接触一些有关爱情描写的电影、小说等，青少年容易出现早期性行为甚至性犯罪，这对孩子今后的成长危害极大。

因此，家长要引导孩子科学地认识两性关系。一是要引导孩子正确认识和对待与异性的交往，防止将男女之间的相互吸引与好感误认为真正的爱情，明白青春期异性相吸的道理以及其与爱情之间的区别。二是当孩子在与异性交往时，家长要注意他们的兴趣导向，引导其在学业上共同进步，同时提出有关性道德规范要求，对孩子进行道德与法律知识的教育，让孩子明白婚前性行为的危害性，让孩子运用理智来战胜情感；培养孩子多方面的兴趣，鼓励孩子多参加课外活动等以减少对性的过分关注。

（二）人生观教育

青少年时期是人生观开始形成的时期，由于青少年刚刚涉世，对世界、人生的认识尚浅，家长需要给予青少年积极的引导，通过家庭教育，让青少年确立科学的人生观，对人生态度、人生价值、人生理想、人生信念有科学的认识，以保证青少年一生的幸福，使青少年可以过有意义的生活。

1. 人生目的、人生态度的教育

关于人生目的的探讨，也就是对人为什么而活这一问题的探讨。孩子进入青少年期后便开始寻找这个问题的答案。因此，家长要给予及时的指引，对孩子适时地进行人生目的与人生态度的教育。首先，家长可以通过一些先进人物、伟大人物的事迹来激励孩子，比如周恩来上中学时就有“为中华之崛起而读书”的宏大志愿等。其次，家长还可以通过自己的亲身经历来感化孩子，让他们认识到人活着的目的是对社会做贡献，为自身创造幸福美满的生活等。再次，家长还要细心观察孩子在日常生活中的行为表现，及时与孩子进行心灵沟通，关注孩子内心世界的变化，及早捕捉和消除其内心的消极思想和念头。最后，家长要引导孩子树立积极的人生态度，以乐观豁达的心态勇敢面对生活中的困难与挫折。

2. 人生理想、人生价值的教育

人与动物最大的区别就在于人活着有理想，人知道活着的价值与意义，并且会为实现人生的奋斗目标而不懈努力。理想是人们前行的精神动力和精神支柱。人生价值即人活着的意义是什么，对这个问题的思考是每个人自懂事之日起就开始探究的重大人生课题。

处于青少年时期的孩子，开始认真思考有关人生理想、人生价值的问题。因此，家长要让孩子认识到远大的人生理想对人的重要意义，并帮助孩子树立科学的人生理想，以激励孩子奋发向上，积极进取；要帮助孩子认识到人应该生活得有意义，引导孩子树立科学的人生价值观；鼓励孩子从小立大志，认识到人活着不仅为个人，还要为国家、为民族、为社会做贡献；引导孩子认识到只有现在努力学习，练就过硬本领，将来才有能力报效祖国、为国家发展做出贡献，才能在实现自己人生理想的同时最大限度地体现自己的人生价值。

（三）人格教育

现代社会需要的是具有健全人格的人才。健全的人格包括高尚的道德情操、坚强的意志品质、独立的良好个性、积极的人际交往等。青少年时期是人格形成的关键时期，因此家长要给予青少年积极引导，帮助青少年塑造完美的人格，为青少年的成才奠基。

1. 培养高尚的道德情操

青少年时期是孩子道德情操形成的关键时期，因此，家长要善于从日常生活的点滴小事培养孩子形成高尚的道德情操。

首先，家长要让孩子认识到道德法规对于个人与社会发展的重要性，从小就将孩子培养成为一个具有良好道德、遵纪守法的人。

其次，家长要培养孩子明辨是非对错、知错能改的好品质。在日常生活中，当孩子做了错事时，家长要用恰当的态度与方式对待；要让他认识到自己的错误并能及时改正。凡是孩子做对了的事，家长要给予肯定、鼓励和表扬，并让孩子能够理性地对待荣誉与赞扬。

最后，家长要鼓励孩子养成知恩、感恩、助人为乐的高尚情操。家长要通过日常生活中的小事，让孩子懂得在得到别人帮助之后，要常怀感恩之心，学会感谢与感恩。同时，鼓励孩子去帮助他人，在帮助别人中获得满足与自豪。

2. 锻炼坚强的意志品质

青少年时期的孩子，开始逐步进入社会，会遇到各种各样的困难，具备坚强的意志品质对他们迈入社会至关重要。因此，家长要通过以下途径来培养孩子坚强的意志品质。

首先，家长可以通过给孩子讲述一些具有顽强意志的历史人物或身边人的故事，并以身作则，从严要求自己的日常行为，来培养青少年的意志品质。例如，面对生活中的困难，家长要做到沉着冷静，机智应对，迎难而上，而不应该面对困难消极退缩。

其次，家长要有意识地让孩子经受挫折和磨难，以锻炼其坚强的意志品质。例如，让孩子利用假期去条件艰苦、道路崎岖的山区野营拉练；也可通过让孩子为别人送货等方式体验生活的艰苦，磨炼意志。

最后，家长要敢于放手让孩子做事，有目的地为孩子布置有一定难度的任务，让孩子通过开动脑筋、独立思考、凭借意志力完成，从而在孩子的亲身实践中，磨炼其意志。例如，利用假期，家长可以给孩子一定数额的钱，放手让孩子去设计一趟到某地的旅行，途中的吃穿住用行都要孩子自己计划好，途中遇到任何困难与阻挠都要孩子自己想办法解决，这样可以锻炼孩子的意志。

3. 形成独立的良好个性

独立个性是指一个人成为某方面专门人才所具备的基本品质与个性持征。比如政治家需要具备智勇双全、博学多才、严于律己、遵纪守法、机智善辩、临危不惧等品质；科学家需要具备善于探究真理、不怕吃苦、勇于攀登的个性特征；企业家需要具备善于开拓、勇于创新、善于社会交往、善于计划、能有条不紊地做事的个性品质。

青少年时期是这些品质形成的关键期，家长要做有心人，善于观察孩子，与孩子多沟通，在观察与交流中了解孩子的个性品质倾向；然后为孩子创造条件并提供相应的机会，来培养孩子的优良品质，为其日后的成才奠定基础。例如，对于内敛谨慎、爱独处、爱读书、爱思考，不爱与人多结交的孩子，家长要为其提供广泛而丰富的阅读材料，鼓励孩子多读书、多思考、多钻研，培养孩子善于发现、善于思考、善于探究真理的品质；对于外向活泼、不拘小节、喜欢交朋友的孩子，家长要多为其提供交友的机会以及参加一些公共场合的交往活动，如舞会、聚会等，让孩子在交往活动中锻炼交往能力，形成开拓创新、善于交际的个性品质。

4. 培养积极的交往能力

每个个体都是作为社会人而存在的，在社会上生存就需要具有一定的交往能力。进入青少年期的孩子，随着生理的日益成熟，心理也逐步成熟起来，对社会交往也有了初步的概念，他们内心有交往、交友的需要，尤其是随着身体发育日益完善，他们渴望与异性交往，渴望有红颜或蓝颜知己。但是，由于青少年缺乏对两性关系的科学认识，缺乏丰富的社交经验，缺乏明确的是非观念，容易出现盲目交友、交友不慎等问题。因此，家长要引导孩子学会与人交往，能正确处理交往中遇到的问题。

第一，要让孩子懂得如何正确地处理同伴关系。家长要让孩子懂得与朋友交往要诚实守信、谦虚、宽容和忍让；要让孩子学会团结同学，与同伴合作做事，并在合作共事中能够坚持自己的正确立场与观点，有自己的独立主见，不要人云亦云。

第二，要让孩子懂得尊敬长辈。教会孩子对家长、教师、长辈要有礼貌，要用恰当的方式来表达自己的意愿与需要，不可采用顶撞与要挟的手段迫使长辈满足自己的不合理要求等。

第三，要让孩子学会正确地对待他人的荣誉，不能产生嫉妒心；也要让孩子学会正确对待别人的客观批评，不能产生仇恨与报复心理等。

第四节　中老年时期的家庭教育

一、中年人的身心特点

中年是处于青年与老年之间的年龄阶段。人到中年，知识经验在日益丰富，人体的生理功能却在不知不觉中衰弱。

（一）生理功能逐步衰弱

进入中年以后，人体的各个系统、器官和组织的生理功能逐步从成熟走向衰退。

在心血管系统方面，血管壁弹性因动脉逐渐硬化而降低，血管运动功能和血压调节能力减弱，血液胆固醇水平常常随年龄增长而增高，动脉管腔变窄，引起心脑供血不足甚至缺血，造成诸如冠心病、心肌梗死、脑卒中等心脑血管病。

在呼吸系统方面，肺组织弹性逐渐减小，肺泡间质纤维增生，毛细血管壁增厚，肺的气体交换功能下降，其抗病能力下降，慢性支气管炎等呼吸道慢性病的发病随年龄增长而增高。

在内分泌系统方面，胰岛素分泌量减少，使一些人出现糖尿病倾向或患糖尿病；性腺功能降低，使性欲减退。到中年后期，还会因内分泌功能紊乱而出现更年期综合征。

在其他系统方面，肌肉开始萎缩，弹性降低，致使骨质密度降低；免疫监视系统对发生癌性突变细胞的监视功能减弱。这也是五十岁前后的中年人常常心力交瘁、易患多种疾病的重要原因。

（二）心理能力继续发展

孔子曾描述过人的变化："三十而立，四十而不惑，五十而知天命，六十而耳顺。"这一描述形象地说明了人的心理能力在中年期仍在发展。

智力发展到最佳状态。中年时期，个体的知识积累和思维能力都达到了较高的水平，善于联想，善于分析并做出理智的判断，有独立的见解和独立解决问题的能力。中年时期是最容易出成果和取得事业成功的阶段。

情绪趋于稳定。中年人较青年人更善于控制自己的情绪，较少冲动，有能力延迟对刺激的反应。

意志坚定。中年人的自我意识明确，了解自己的才能和所处社会地位，善于决定自己的言行，有所为和有所不为。对既定目标，勇往直前，遇到挫折不气馁。同时也能理智地调整目标并选择实现目标的途径。

个性固定，特点突出。人到中年，在能力、气质、性格等心理特征以及需要、兴趣、信念等个性倾向性上存在着明显的差异。在几十年的生活实践中，经历了自我意识的建立、改造与再完善的反复锤炼和增长的社会化过程，稳定的个性表现出每个人自己的风格，有助于其排除干扰，坚定信念，以自己独特的方式建立稳定的社会关系，并顺利实现自己追求的人生目标。

二、老年人的身心特点

人到老年，生理、心理、生活环境和人际关系等都会发生许多变化，出现许多新的问题，这些往往使老年人心理状态失去平衡，影响心身健康。要想尽快适应改变了的生活环境，改变无聊、空虚、无所事事的消沉状态，老年人就要学习老年心理与生理变化的相互关系及其规律，进行自我调节。一些老年人学习老年心理学后，掌握了心理活动的规律，从事一些符合自己的、有意义的活动，主动调节情绪情感，把消极的心理状态变为积极的心理状态，使自己的晚年幸福。

（一）生理功能衰退

人体衰老是涉及全身性各种细胞、组织和器官的退行性改变，既有形态的改变，又有功能的下降；既有随年龄增长逐步出现生理性衰老的特点，又可能有因老年病影响而出现病理性衰老的表现。外表上，老年人皮肤松弛、面部皱纹增多，出现棕褐色老年斑；毛发稀疏、两鬓斑白，最后成白发银须；体形方面，容易发生骨质疏松症，可引起脊柱压缩性骨折，身高普遍下降，甚至出现躯干弯曲、驼背；身体各系统、各器官会发生程度不一的器质性或功能性改变，其中肾、心、肺等重要器官的储备能力下降较明显；老年人常有远视（老花眼）、视力减退、老年性白内障、听力下降、动作缓慢等现象，给老年人带来烦恼和不便。

（二）老年人心理变化

因中枢和周围神经系统发生变化，脑细胞减少、脑组织萎缩、脑容积缩小，脑血流量比青壮年期减少1/5，脑功能下降，导致老年人发生一系列心理上的改变。

记忆能力下降。近期记忆保持效果差、近事易遗忘，但远期记忆保持效果好，对往事的回忆准确而生动；机械记忆能力下降，速记、强记困难，但有意记忆是主导，在理解性、逻辑性记忆方面并不逊色。

智力发生改变。老年人的晶化智力易保持，而液化智力却下降，老年人解决问题的能力随年龄增长而下降。

情绪发生改变。情绪趋向不稳定，常表现为易兴奋、易激惹、喜唠叨、常与人争论，情绪激动后的恢复需要较长的时间。

性格发生改变。由于抽象概括能力差、思维散漫、说话抓不住重点，学习新鲜事物的机会减少，故老年人多办事固执、刻板；有些老年人由于以自我为中心，常常影响人际关系，乃至夫妻感情；进入老年后两性出现同化趋势，男性爱唠叨，女性更爱唠叨。

三、中老年时期家庭教育的策略

（一）正确认识老年人在家庭教育中的作用

人到老年尽管生理和心理都在不断衰退，但是经过生活的历练，老年人积累了丰富的人生经验，这些丰富而宝贵的人生经验对于晚辈的教育显得非常珍贵。因此，孩子要重视老年人在家庭教育中所扮演的角色以及所发挥的作用。在教育下一代时，可以与年老的家长交流经验，也可以让祖辈直接对孙辈进行教育与抚养，使他们在家庭中发挥“余热”。老年人将一生的教育经验运用在教育后代上，会使老年人的心情舒畅，不至于产生失落感、被忽略感和孤独感，在很大程度上有利于老年人的身心健康，也能减轻孩子的负担，同时也有利于家庭的和睦、团结。但需要注意的是，在让老年人教育孙辈时，不仅要考虑到老年人的身体状况，让他们量力而行，还要提醒老年人不可过分溺爱晚辈，也不可用封建迷信思想来教育下一代，以免影响孩子的健康成长。

（二）中年人要正确驾驭欲望，增加积极的情绪体验

人都有七情六欲，而中年期是人生各种欲望最强烈的时期。职称、职务、名誉、地位、金钱等很多人生诱惑都摆在面前。欲望是一种力量，当这种力量适度的时候，它会推动人们不断地发展进步；而欲望太强烈，个体又不能正确地驾驭时，就会使人陷入痛苦的漩涡，不能自拔，甚至使人出现违法犯罪行为。因此，家庭教育要教育中年人头脑清醒、冷静，对自己的体力和能力要有正确的判断和估计，要尽力而为、量力而行；要淡泊明志、恬淡寡欲、知足常乐，使自己的内心平静、安闲、自在，真正从工作事业的成功中感受到无穷的乐趣。

对待事业成败、职务升降、工资多少、人际关系亲疏、环境优劣、生老病死、婚丧嫁娶等，要善于调节情绪，控制自己。当取得成就、受到奖励时，不要过度兴奋；当遭受挫折，甚至失败时，不要过于难过。有时人的失去，并非是自己没有努力，而是“指标有限”，别人的机遇比自己好，对此大可不必气恼。要不断增加积极的情绪体验，看待事物要看到光明美好的方面，保持愉快的心情，驱除不愉快情绪的干扰。要“自静其心延寿命，无求于物长精神”，切记不要去钻“牛角尖”。

要努力营建幸福的家庭。人到中年，当事业蒸蒸日上、身心疲惫之时，容易忽略亲人间感情的维系，出现夫妻感情疏远、亲子关系淡漠。因而，对中年人有意识地加强亲情维系教育，对于家庭成员的幸福非常重要。例如，夫妻双方要相互理解、注重沟通，彼此对自我价值有客观的估价，共同分享成功和喜悦，共同感受付出的辛劳。这样，随着事业的成功，家庭生活也会安排得有条不紊，相互间的感情也会日益深厚。面对家庭生活的琐碎事情，夫妻要以宽容的心态对待对方，包容对方的缺点。要注重夫妻性生活的协调，这是夫妻生活的重要组成部分。同时要对亲子关系给予特别关注，关心孩子的成长，承担起孩子教育的责任，成为家庭教育的主导者。

（三）加强卫生保健，顺利完成中年到老年的过渡

中年人的家庭教育要将健康教育放于重要地位，注重卫生保健，但也不要对身体状况过于紧张，若身体有较大的不适感，应及时请医生诊断治疗。要注重自我情绪的调整，特别是对更年期要有正确的认识，要认识到更年期是人生长发育从成熟转向衰退的转折时期，是生命的必然过程，是不以人的意志为转移的自然规律。每个人对于更年期的反应及其特征，只有程度轻与重、时间长与短的差别，要避免轻视或疏忽和盲目疑虑或不必要的恐慌，做到情绪稳定，减少心理因素造成的痛苦。当中年人出现情绪波动、性格变化等症状时，家庭成员应给予体谅和关心，可利用节假日带上孩子去公园或郊游，以松弛身心，陶冶情操，这不但能减轻某些症状，而且有利于家庭的团结、愉快和幸福。

（四）帮助老年人尽快适应退休生活

科学家把人的生命过程分为三个阶段：一是从蒙昧到“三十而立”之年，人的肌体从幼稚到成熟。二是30～60岁，为人的成熟期、贡献期。三是60～90岁，为人的第二青春期。步入老年，首先要转变自己的角色，培养自己广泛的兴趣与爱好，如养花、种菜、养鸟、书法、绘画、音乐、跳舞、下棋、写回忆录、搞制造发明等，以开阔胸怀、心情愉快；还要积极参加集体活动，多接触大自然，以丰富精神生活；养成有纪律的生活习惯，适度进行体育锻炼；保持良好的情绪状态，对疾病积极治疗，不着急、不发怒、顺其自然；做到退而不休，发挥余热。古今中外大器晚成者，不乏其人。例如，波兰科学家哥白尼，70岁才发表了《天体运行论》一书，震撼全宇宙；我国唐代医学家孙思邈101岁才写成了《千金翼方》；华佗近百岁才发明了五禽戏，可见老骥伏枥，志在千里，烈士暮年，壮心不已！

老年人还要转变自己对孩子的教育观念。家长是孩子终身的老师，孩子年龄再大，也是家长的学生。但是面对成年的孩子，要想取得家庭教育的效果，老年人就应该更为尊重孩子的独立人格，坚持“大事关心，小事不问”的原则，支持孩子们所从事的正当事业，对孩子在工作

上遇到的困难，给以精神上的鼓励和支持。

（五）引导老年人形成正确的生死观

人到老年，逐渐老去，有时会变得消极、恐惧，退缩。为了保证老年人有积极、乐观的健康心理，安心顺利地度过晚年生活，孩子要引导老人正确地认识死亡，让老人明白宇宙万物都要遵循有始有终的自然法则，有生必然就有死；让老人认识到死亡并不可怕，生与死都是自然规律；引导老人回忆自己一生的成就与经历，认识到自己的人生是幸福而快乐的，让老人获得心灵上的满足感，从心理上克服对死亡的恐惧，能从容地面对生死，树立积极的生死观，从容地走完人生的最后一站。

第五章　不同代际和特殊类型家庭的家庭教育策略

改革开放带来了社会文化以及家庭观、生育观、教育观的转变，使得不同代际的家庭教育和特殊类型家庭的教育问题日益引起全社会的关注。本章主要介绍不同代际和特殊类型家庭的家庭教育，其中特殊类型家庭主要介绍离异家庭、流动儿童家庭和农村留守儿童家庭。

第一节　不同代际的家庭教育

家庭根据代数的不同可以分为主干家庭和核心家庭。主干家庭是指由祖父母或外祖父母、父母、子女三代人组建的家庭。其中，祖父母一辈夫偶或暂无第三代孙辈的家庭也包括在内。核心家庭是指由父母与未婚子女两代人组建的家庭。

一、主干家庭的教育指导

（一）主干家庭中的三种关系

1. 主干家庭中的夫妻关系

在这三种主要关系中，夫妻关系是首要关系，在家庭中属于平行关系。如果夫妻是原配的夫妻，家庭情况就较为简单，如果是再婚或是单亲家庭，情况就相对复杂一些。

主干家庭的夫妻关系有两对：一对是祖辈的夫妻关系，另一对是父辈的夫妻关系。

2. 主干家庭中的亲子关系

亲子关系是家庭中的垂直关系。在家庭中有两类亲子关系，第一类亲子关系是祖辈和父辈的亲子关系，这个时候的亲子关系越来越表现出朋友的一些特质，平等的协商的氛围越来越浓，而且随着祖辈年龄的增大、精力的衰减以及社会影响力的消退，亲子关系的主动权逐步向父辈转移。

第二类亲子关系是新生的亲子关系，是随着第三代的出生而出现的。作为父辈的父母，在两个亲子关系中的角色是双重的，对于祖辈而言，他们是子辈，对于第三代来说，他们是父辈。这就需要父辈在这个过程中学会处理和协调这两者之间的关系，并做好角色转换。

3. 主干家庭中的祖孙关系

随着第三代的出生，第三种关系——祖孙关系也随之诞生。祖孙关系是家庭中的垂直关系和隔代关系，这个关系也将是孩子成长和家庭教育过程中的一个很重要的影响因素。

对于由三代人组成的家庭联盟的所有成员来说，最重要的任务是建立情感上平稳的，相互能接纳的，自由、独立的，又是友好合作的关系。只有这样才有助于解决与家庭结构复杂性相联系的矛盾，才有助于建立教育孩子所必需的积极的情感环境。

隔代抚养具有优势。主干家庭最大的特点就是祖辈的存在，他们有教育孩子的经验，对很多事情都有切身感受，这是很宝贵的，不加以利用将十分可惜。同时，他们在培养孩子对文化和信仰的继承上有着非常特殊的作用。这些慈祥的老人懂得文化、传统、历史和信仰，他们能够引导孩子在继承文化、传统的同时去挑战人生。

隔代抚养具有弊端。祖辈和父辈的思想观念、生活经历、身体状况不同，因而在教养孩子的问题上会产生明显差异，甚至形成相互矛盾的教育要求，从而抵消或削弱家庭教育的效果。

三代人的家庭在观念上的差异也会带来家庭教育的问题，如祖辈对孙辈过分疼爱，受传统的教育观念与方式的影响，容易形成对孙辈的溺爱与娇惯，这会直接影响后代个性的发展。祖辈对孩子的宠爱和插手教养孩子总是让年轻的母亲感到尴尬和手足无措，更具讽刺意味的是，很多年轻时没能充分施展才能的母亲在自己做了祖母后往往又会成为“霸道”的祖母。主干家庭中存在的婆媳、翁婿不和现象往往破坏了家庭正常的、和谐的气氛，这也会给孙辈的教育带来影响。

（二）主干家庭的家庭教育建议

1. 父母是教养孩子的责任主体

对于祖辈而言，需要理解的是第三代的教养工作由谁来担当的问题。原则上讲，应该是孩子的父母。但在现实社会，特别是在中国社会，作为祖辈很难理解这一点。首先他们会觉得孩子是自己家的孩子，为何不能多接近和多抚育；其次祖辈们会认为自己是在帮年轻人的忙，怎么出力还不讨好了。

在主干家庭中存在着几个子系统——夫妻子系统、抚养子系统和兄弟姊妹子系统。这些子系统之间应该界限清楚，这有助于定义整个系统的各个次级单元以及它们的相互作用过程，也能确保子系统成员在执行任务的时候不受过多的干扰，同时又足够开放。由于受到中国传统的家族观念的影响，祖辈一般会认为孩子应该是家族的孩子，是家族香火的延续。这样，小家庭就丧失了作为一个子系统的独立性和自主性，祖辈在帮助子女照顾孩子的过程中就会越过家庭子系统的边界权限，不但干预孙辈的教育，甚至还会干预子女的夫妻关系。[1]

因此，在教育孩子的问题上，祖辈不要总是“过去好”、向后看；在指出过去好的地方的同时，也要适应今天的变化，并积极地学习、适应今天的新变化。

2. 祖辈是教养孩子的重要帮手

随着年龄的增长，老人一般会产生孤独感，特别是一方的去世更增

---

[1] 丁俊兰．现代家庭教育的理论及发展展望［M］．昆明：云南美术出版社，2018：177.

加了这种孤独感。第三代的出现会填补这种孤独感，祖辈甚至会在照料孙辈的过程中重新找到生活的寄托。作为家庭氛围的主要营造者和教育主导者的父母，在日常生活中要能充分地理解祖辈的寂寞，可以在不给老人增添额外的物质和精神负担的前提下主动让孩子和老人接触，为老人的精神世界带去一抹亮丽的颜色。

从孙辈的角度来看，相比较为严厉的父辈，孩子总是比较喜欢和蔼可亲的祖辈。对于祖辈来说，应在教育孩子的问题上和父辈达成一致，在发挥自己教育经验的基础上坚持孩子父母定下来的规则，避免教育的不一致性。如果祖辈一意孤行地按照自己的理解和经验来管教孩子，那么极容易造成祖辈和父辈在孩子教育问题上产生隔阂。这对孩子的教育和成长都会造成负面影响：小一点的孩子在不一致的教育氛围中会无所适从而精神紧张，大一点的孩子会从祖辈与父辈的不一致中寻找教育的空隙并利用这种不一致逃避教育和惩戒。更为麻烦的是，孩子们细微地感受着成人间的矛盾，痛苦地体验着爱与恨的矛盾情感。当这种矛盾情感又成为家庭情感气氛的主要内容后，孩子在生活消极面的影响下会滋长“自己是无能的、有缺陷的”情感体验，甚至会形成消极、依从的不良品质。

当然，祖辈和父辈的教育不一致对于孩子成长不一定都是坏事情，如利用得当，有时候也能促进孩子全面地、辩证地认识问题、分析问题。这就需要祖辈和父辈能客观理性地看待两代人之间的不一致性，并学会表达自己的观点、学会协商、学会妥协。这个过程会给孩子的成长提供一定的人际参考模型，同时也有利于孩子社会化程度的提高。

二、核心家庭的教育指导

（一）核心家庭中的关系

核心家庭是由父母和未婚子女两代人组成的家庭，这种家庭的层级关系是两代人，垂直的关系就是亲子关系，水平的关系是夫妻关系和兄弟姊妹关系。

人的一生要分属于两个核心家庭：第一个是由生养自己的父母所组成的核心家庭，第二个是以本人的合法婚姻所建立起来的养育子女的核心家庭。核心家庭中包含两种最基本的家庭关系：夫妻关系和亲子关系。除了这两个基本的关系外，在部分家庭还有可能存在兄弟姊妹关系。

核心家庭的关系特点是：家庭关系简单，对亲属网的依赖性弱，家庭生活中的矛盾和纠纷较少；具有很强的独立性、灵活性、机动性，有利于家庭的流动、迁徙；容易形成家庭中平等关系、平等权利和民主气氛，有利于培养家庭中青年人的独立性。但核心家庭也淡化了两代人之间的关系，在老人赡养和儿童抚育方面存在一些困难。核心家庭是工业社会的产物，是现代社会一种最主要的家庭类型。

在核心家庭中，夫妻关系也会存在一些特殊的类型，如因丧偶或离异等原因的单亲父母，长期因工作或其他原因分居两地的分居夫妻，再婚重组家庭的夫妻关系等。在亲子关系方面，除了正常的情况外，也存在着单亲父母的亲子关系，分居父母的亲子关系，继父母和继子女的亲子关系等。

1. 核心家庭教育的优势分析

核心家庭由父母和孩子组成，特点是人口少、辈分少。这种家庭关系简单，成员关系密切，内聚力较强，容易形成教育合力，教育效果也较好。此外，核心家庭教育的优势还有：家庭成员关系密切，家长具有权威性，亲子关系比较融洽，孩子容易接受父母的教诲；父母对孩子的期望值很高，教育投入多；父母对孩子的教育比较容易达成一致，即使出现矛盾，也比较容易协调处理，达到家庭教育的一致性。

2. 核心家庭教育的弊端分析

核心家庭中的父母如果是双职工，在社会支持系统不完善的情况下，可能缺少教养和爱抚孩子的时间。受工作时间和空间的限制，父母要同时扮演多重角色，在经营家庭、养育孩子上负担重、困难多，精神上难免有孤独感，会觉得疲惫不堪。有些家庭由于对孩子疏于管教、放任自流，从而使孩子受到社会上不良环境的影响，甚至会走上违法犯罪的道路。

缺少有教养经验的老人的指导和协助，父母在孩子教育问题上存在经验真空的现象。在这种家庭里，没有传统的隔代溺爱，但由于年轻的父母缺乏教育孩子的经验和方法，对孩子可能有时放纵，有时管教过严。核心家庭由于人际关系简单，不利于培养孩子的社会交往能力，因此父母要让孩子多接触大自然和同龄的小朋友。如果是单亲家庭，孩子就容易成为父母的诉苦对象，因此孩子承受的精神压力也较大，缺乏安全感。父母生活的不幸会导致孩子对生活不信任，严重的还会使孩子形成偏激的、不健全的人格。

（二）核心家庭的教育建议

1. 父母要确保与孩子共处的时间与空间

核心家庭中的父母一般比较忙，特别是双职工家庭中的父母在时间上和空间上都受到了挤压，因此父母要学会协调时间，确保有亲子共处的基本的时间和空间。同时，要积极学习家庭教育的知识和技能，提高和孩子相处的质量，增加家庭教育的实效性。

2. 父母要做好核心家庭中教育角色的分工

核心家庭中的夫妻要学会夫妻分工，不能基于传统的家庭角色的定位由女性一人承担起家庭所有的琐事和教育的职能，父亲应该在核心家庭中承担起基本的、足够的教育职能。从某种程度上说，父亲的教育职能不是为了减轻和分担母亲的负担，而是为了发挥作为父亲应有的教育功能。

3. 父母要保持与原生家庭的交往

由于不和祖辈以及其他有血缘关系的家庭成员一起生活，核心家庭成员的关系和结构显得比较简单，这对孩子的人际能力的发展不利。因此，作为核心家庭的父母应该创造机会带领孩子和原生家庭以及相关的亲戚家庭交往，以弥补其交往方面的不足。

4. 父母要做好角色的转换

那些核心家庭中只有一个孩子的父母，一般需要承担双重的角色。第一个角色就是作为孩子的指导者，第二个角色就是孩子的伙伴。这就对父母的角色转换以及角色之间“度”的把握提出了要求。

第二节　离异家庭的家庭教育

离异家庭，是指因父母离异而造成的单亲家庭以及父母离异后再婚重新组成的家庭。这类家庭的特殊性体现在家庭结构的不完整性或者非血缘性上。

离异父母必须树立这样的信念：孩子永远是自己的，自己虽然与配偶离异了，但与孩子的亲情永远不能割舍，对孩子的责任永远不能放弃，对孩子进行教育是父母神圣的、永远的责任和义务。离异家庭孩子的家庭教育，应针对离异家庭及其孩子心理特点的特殊性来进行。

一、离异家庭孩子存在的心理问题

（一）情绪情感障碍

父母离异、家庭破裂等都会导致孩子情绪情感受到不良影响，进而出现障碍，具体表现为以下几个方面。

第一，暴躁易怒。因为父母离异给孩子精神上留下了难以磨灭的印象。调查表明，父母离婚所造成的不稳定的家庭环境对孩子情绪的发展有很大的影响。他们的情绪波动大，不良情绪发生率高，最常表现就是冲动易怒。

第二，冷漠孤独。因为父母离异，他们被父母所疏远而产生抑郁，一般不愿与人接触，对周围的人持有戒备心理。

第三，焦虑。孩子在父母吵架离异的过程中看到了人和人之间的互相攻击、相互敌视，这使他们对人和人之间的交往缺乏信心。

第四，恐惧自责。一般来说，离异单亲家庭孩子由于无法找到安全的依赖而容易产生恐惧感，如对自己所做的事抱有恐惧倾向，他们往往对个人能力和品质做出偏低的评价，常出现自我责备、自我鄙视和自我轻蔑等，经常会自卑。

（二）性格方面的缺陷

父母离婚给孩子造成的伤害很大，甚至比父母一方因死亡而导致的伤害严重得多，进而导致性格方面的缺陷，主要表现在以下几个方面。

第一，自卑。这是因为单亲家庭的孩子总觉得自己处处不如他人，对自己不满意，形成“自卑情结”，还伴随着消极的情绪体验，比如说恐惧、焦虑、失望等，常常感觉无助，在学习方面形成学习焦虑。

第二，孤僻。他们因为家庭的解体、父母的离异而变得非常孤僻，经常把苦恼、不满和怨恨深藏在内心，很少向别人诉说。

第三，粗暴。因为大多数夫妻在离异前经常伴随吵架等行为，即便是在离异后也常常心情烦躁，这极易使孩子产生冷酷悲凉的心情，导致了他们不良情绪的滋长，从而使他们逐渐形成了蛮横、粗野和冷酷的性格。

第四，偏激。离异单亲家庭孩子容易偏激，他们的行为固执，不愿别人劝说，而且对他人缺乏信任，防范心理特别严重，所以很多时候都不能正确地、客观地分析形势，有时候会自以为是，过分敏感。

（三）人际交往能力缺失

一般来说，离异单亲家庭的孩子在社交方面没什么兴趣，他们在信任他人、交往频率、家庭亲密度以及情感距离等方面都较差，可以说人际交往能力较弱。因为父母离异，所以他们容易产生“被遗弃感”，因此往往会产生焦虑、感伤、孤独等感觉；而家庭缺损的挫折感压抑在内心深处，无法找到宣泄口，就会累积下来，最终使他们变得自闭或者是孤僻等。这种情绪一般表现为冷漠，不敢与他人交往，即便是内心深处非常渴望得到关心与爱，尤其是来自同学、朋友的爱，但是他们却无法开口、无所适从，显得格格不入。

二、离异家庭孩子心理问题产生的原因

对离异家庭孩子来说，心理上的一些消极因素的确是存在的，这既有客观的家庭环境因素，又有主观的动力因素，其中客观的家庭环境因素是根本的，主观的动力因素归根到底也是由客观的家庭环境因素造成的。离异家庭孩子产生心理问题的原因可归为以下几点。

（一）部分家庭环境被剥夺，父母性别角色残缺

父母离异的孩子，其家庭环境在任何情况下都是不完整的。父母离异后由父亲抚养，就给孩子造成了母亲剥夺环境；由母亲抚养，就造成了父亲剥夺环境；由祖父母或外祖父母抚养，就造成了双亲剥夺环境。在以上环境中成长和生活的孩子与正常家庭的孩子相比，部分家庭环境被剥夺了，而且父母性别角色是残缺的。父母在家庭中扮演两种不同的角色，是难以完全互相代替的。他们在家庭中的社会角色之所以难以完全互相替代，不仅是因为社会角色由人们的社会地位和身份决定，反映出个体在群体生活和社会关系体系中所处的位置，而且角色的行为不但要适合角色范围，还要符合角色规范和遵循角色期望。所以父母亲在家庭环境中所担负的社会角色有着显而易见的性别特点，特别是在情绪、情感、个性、思维模式、言行等方面往往有着明显的性别差异，这种不同的性别特点在对其孩子发展中的影响是相互补充的。在孩子发展过程中，父母分别作为男性和女性总是必然地让孩子有意无意、自觉不自觉地染上各自性别特质的色彩。如果父母离异，不管是父亲弃孩子而去，还是母亲与孩子长期隔离，显然都不利于孩子完善人格的发展。尽管有时孩子可以常常去探望离异分居的母亲或父亲，但是这也难以完全弥补家庭环境与性别角色的缺损。当然，父母离异后重新各自组成家庭，在一定程度上可以弥补家庭环境与性别缺损，但对于已经懂事的孩子来说，其心目中已经存在的部分家族环境剥夺与性别缺损也成为不可改变的事实，更何况并不是所有的单身父母都会重新组建家庭。

（二）离异家庭的不良气氛

居里夫人曾说过：“一家人能够相互亲密合作，才是世界上唯

一的真正幸福。”一家人相互关心、尊敬、理解、信任的和谐的家庭氛围是孩子健康成长的必要条件，而离异家庭的孩子缺乏的正是这种氛围。

美国精神病医生德斯帕特曾说过：“不是离婚给孩子造成种种影响，而是离婚之前的夫妻不和状态已经给孩子造成了很大影响。”在离异之前，夫妻之间常有分歧，常常出现“打架三六九，吵闹日日有”的情况，有时又会良心发现而重归于好。生活在这类家庭中的孩子，幼小的心灵时刻承受着情感气氛大起大落的冲击，精神经常处于严重超负荷状态。有时家长还拿孩子当出气筒，将矛盾迁怒于孩子，时常不分青红皂白地把孩子打骂一顿，这种充满家长吵闹和打骂的家庭气氛，会严重地伤害孩子幼小的心灵。

在父母离异后，孩子有可能继续生活在不良的家庭氛围之中。从客观上讲，在离异家庭中，带孩子的一方想为孩子创造好的生活条件，为工作、生活而到处奔忙，对孩子的照料、教育不够。孩子放学后，面对空空荡荡的家，面对菜桌上的残羹冷饭，内心会充满恐惧和凄凉。从主观上讲，由于有些家长素质低下，会把离异后自己的不良境遇归结为孩子的原因，拿孩子发泄自己的不满；有的过分地溺爱孩子，想以此弥补离异给孩子带来的伤害；有的出于对伴侣的失望，把希望全寄托在孩子身上，对孩子期望过高，过于严厉，而造成不良的家庭气氛。

（三）社会舆论的影响

在现代社会中，至今仍存在着一些陈腐的偏见，如离婚往往不被一些人理解。父母的离异，常常会遭到社会上一些人不加分析的指责、嘲笑，使家庭威信下降，给离异家庭孩子带来了极大的心理压力。他们为父母离异而感到羞愧，抬不起头来。在学校中，他们会受到小伙伴的嘲讽，特别是在和小伙伴发生争执时，总会受到小伙伴的“你这个爸爸（妈妈）不要的孩子”的打击。在生活中，周围人们平时也常悄悄议论孩子父母离婚的事，舆论的压力使他们感到无容身之地，从而背上了沉重的心理包袱，造成情绪低落，从而产生各种心理问题。

三、离异家庭的家庭教育策略

（一）增进亲子交往，改善亲子关系

父母离异前，矛盾一般比较多，长期处于纠纷状态，甚至是无休止的争吵、打骂。有时，愤怒的父母还会把夫妻间的矛盾转嫁或发泄到无辜的孩子身上，无端训斥、打骂孩子。在这种紧张的家庭气氛中，孩子根本感受不到家庭的温暖和父母的爱抚。因此，一般情况下，父母离异前亲子关系都很紧张。父母的离异也使许多孩子对父母产生敌对情感，他们对父母的喜欢程度和信任程度都不如一般家庭的孩子。相反，他们对父母的“痛恨”、惧怕和不服管程度却远远地超过一般家庭的孩子。孩子对父母的这种消极情感，还会由于父母的再婚而进一步恶化，从而影响到他们与继父母的关系。亲子关系得不到改善，家庭教育就无法进行。因此，改善亲子关系是离异家庭进行家庭教育的突破口，是关系到离异家庭家庭教育成败的关键。为此，离异父母要尽快从婚变的阴影中走出来，不要让自己的消极情绪影响孩子，要用积极的情绪去改变孩子的消极情绪，抽出时间来关心孩子的学习、生活，尽量多与孩子在一起，与他们一起吃饭、上街、郊游、活动。在刚开始，孩子也许会有抵触情绪，父母应寻找合适的时机向孩子解释父母离异的原因，尽量取得孩子的理解，并让孩子真正感受到父母是爱他的。研究发现，离异后父母与孩子在一起时间的长短，直接影响到孩子能否对父母离异产生良好适应，以及改变不适应的时间长短。随着与孩子交往逐步恢复正常，良好的亲子关系就能逐步建立，父母离异对孩子的消极影响也会逐步减轻或消除，家庭教育也才有可能发挥有效的作用。

（二）重视孩子的感受，注意孩子的情绪

父母离婚无疑对孩子的情绪影响非常大。父母感情已经破裂的时候，他们之间的各种“冷战”“热战”，给孩子以强烈的刺激，使孩子受到惊吓，感到紧张和恐怖不安。这些消极情绪由于无人倾诉还会逐渐积累，使孩子形成稳定的个性特征，如忧郁、焦虑、伤感、自卑、孤僻、冷漠等，甚至会出现一系列的身心疾病。因此，父母要关心孩子的

感受，寻找适当的时机就父母离异问题与孩子进行讨论，引导他们表达对此事的感受。当然，一般情况下孩子不太愿意表达他们的感受，他们可能会将真实的感情埋藏在内心深处。有时从表面上看，他们好像对此事满不在乎，一副无所谓的样子，甚至成天嘻嘻哈哈、忙忙碌碌，但他们内心往往表现为孤独、紧张、恐怖。从某种程度上可以说，他们为此事伤透了心，不愿意再提起这件事。这时，父母要主动对孩子承认错误，承认离异前的争吵及离异事件本身没有考虑孩子的感受，是父母自私的表现，在尊重孩子和不强迫的前提下，引导孩子毫无顾忌地发表他（她）对此事的看法和感受，以及其在学校里遭到同学讥笑后的心情；有时，孩子可能会把对于父母双方的愤怒双倍地发泄到与他生活在一起的离异父母身上，这时，父母要静静地倾听，并对此表示理解，让孩子感觉到自己的感受、情绪是很正常的，父母在与他一起分担不幸、痛苦和孤独以及父母对他的信任、理解和尊重。在这个基础上，亲子关系就会慢慢地恢复正常，以后孩子也会经常对父母讲心里话。如果孩子的这些消极情绪不能通过正常途径进行表达和发泄，他们可能会向外寻找倾诉伙伴或发泄途径，最终可能走上犯罪道路；或者长期积郁在心里，引发身心疾病。除此之外，父母还要经常关注孩子对其他事情的感受和情绪的变化。因为情绪上的变化是心理活动、心理变化的一定反映，通过观察孩子情绪的变化，可以从侧面了解孩子的生活、学习及交友情况，掌握孩子对事物的态度和看法，并发现孩子思想上不好的苗头，防止其进一步发展。

（三）教育孩子信任和尊重他人，学会与人相处

离异家庭孩子一般都比较孤僻、冷漠，认为父母抛弃了他，同学讥笑他。因此，他对人充满怀疑和不信任。他们害怕父母再婚，对继父母及继父母的孩子充满敌意，认为他们会夺走父母的爱。多数离异父母都会再婚组成新的家庭，有的继父母还会带着自己的孩子来，在这样的混合家庭里，家庭关系一般不容易协调。因此，离异父母不仅要有思想准备，而且要做好孩子的思想工作。要教育孩子信任他人，尊重他人，要

允许与自己不同的观点和行为的存在。比如说，通常孩子只知道自己家的生活方式，以为别人家和自己家的生活方式没有区别，认为自己家的生活方式是完美的、正常的，所以，当继父母与他们一起生活时，就可能出现一些矛盾。父母千万不要轻视日常生活中极其细微的矛盾在家庭关系中的作用，如吃什么菜，调料怎么用，早饭是吃面包还是吃米饭，等等。这一件件看起来鸡毛蒜皮、微不足道的小事，积攒起来就会形成继父母与孩子之间极大的矛盾和不满。因此，父母要教育孩子宽容地对待别人的思想和行为，要信任别人，善解人意，尊重别人。父母要教育孩子对继父母的孩子要友好，要虚心地向他们学习或真诚地帮助他们。此外，父母还要鼓励孩子多参加学校、班级的活动，多与同学接触，逐渐改善与同伴的关系，学会与人相处。

（四）培养孩子的学习兴趣和正确的学习态度，使孩子养成良好的学习习惯

研究发现，离异家庭的孩子由于情绪情感的变化，一时难以适应家庭的裂变，同时由于父母离异前的争吵、打骂，离异后的分居，孩子的学习无人督促、无人指导。这样，孩子的学习成绩一般会在父母离异前后急剧下降，最终造成学习困难。不仅如此，离异家庭孩子还会经常无故旷课，迟到、早退，扰乱课堂秩序，作业马虎、抄袭甚至不完成作业，缺乏积极进取的学习态度，贪玩，对学习无兴趣。可见，父母离异对孩子的学习态度和学习行为造成了不良影响，而不良的学习态度和学习行为又导致了他们学习上的退步，学习成绩的退步和落后又使他们害怕上学，对学习丧失信心和兴趣。如此恶性循环，使他们最后成为班级的“双差生”。学习是孩子的主要活动之一，父母的离异对孩子学习的影响又很大，因此，离异家庭要及时关注孩子的学习态度、学习行为及学习成绩。在家庭教育方面，着重培养孩子对学习的兴趣，培养孩子正确的学习态度和良好的学习习惯，这样做就可以提高孩子学习的自觉性、积极性，从而提高学习效率和学习成绩，实现良性循环。总之，父母离异对孩子心理造成的创伤是巨大的，也给教育带来了一系列的难

题。离异父母必须认识到问题的严重性。既然选择了离婚，就不必再沉溺于痛苦之中，要尽快振作起来，恢复正常、健康的生活，联合多方面的力量，切实做好孩子的教育工作。

（五）正确对待孩子与其父亲或母亲的接触

离异父母必须树立这样的信念：孩子永远是自己的，也是对方的。虽然父母离婚了，但是，孩子对父母的亲情永远不能割舍，双方抚养和教育孩子的责任永远不能丢失。即使对方没有孩子的监护权，但却有与孩子见面的权利，也有抚养、教育孩子的权利和责任。因此，离异父母不能把离异后的日子变成了离异前的矛盾的继续，在孩子面前指责对方，发泄怨气，甚至别有用心地损害对方的形象，让孩子疏远与对方的关系。为了孩子的健康成长，为了孩子的未来，离异父母明智的做法是：不计前嫌，面对现实，共同履行教育孩子的责任。双方最好能够通过协商，达成共识，协调一致地对孩子进行教育。研究发现，父母亲对孩子的教育和影响带有一定的性别差异，这种差异使得孩子所受的家庭影响能够相互取长补短，缺少其中任何一方的影响都会使孩子的社会化过程受阻，心理发展出现障碍。因此，为了孩子的健康成长，为了早日消除离异对孩子的不良影响，离异父母应当共同履行教育孩子的责任。

（六）努力在家庭中创造至亲和谐的气氛

离异对家庭气氛带来的消极作用是十分明显的，这种消极影响会从离异前一直持续到离异后一段时间，而家庭气氛紧张的主要根源在于离异的家长。有研究表明，离婚对成人情绪的影响特别大，其中对离婚女性的消极影响比对离婚男性更为严重。由于离婚者在行为、健康、情绪等方面受到严重的消极影响，就必然会导致他们对家庭、对孩子的情感、态度、方法上出现明显偏差，比如懒于整理家庭环境，生活无规律，对孩子照顾不周，这不仅使孩子失去了赖以生存的良好家庭环境，也是导致家庭在社会中地位下降、受人歧视的重要原因。

所以要搞好离异家庭孩子的教育，就必须首先克服离婚者自身的消极情绪，家长自己应对离婚有一个正确的认识，离婚并不代表着某个人生活的终结或道德上的败坏，离婚后还是同样有美好的生活，还应使自己的孩子得到良好教育。所以最关键的问题是家长自己应树立生活的信心和对孩子的责任心，应有正常的生活习惯和规律，为孩子创造一个相对平稳的家庭环境，并帮助其克服生活上、学习上的种种困难。这样才能使孩子由父母离婚所带来的创伤得以治疗，使他们能重新鼓起生活的勇气，感受到家庭的温暖。只要家长自己能以正确的态度对待离异，与孩子相依为命的客观事实会增进彼此间的感情，从而能够创建一个和谐的家庭气氛。

（七）和学校、教师取得联系，共同帮助孩子健康成长

学校对离异孩子的影响是多方面的，其中同学和教师，特别是教师是最重要的因素，教师对于学生特别是低年级学生往往会有明显的影响。这些学生对于教师的信任大大胜过自己的父母，他们会把教师的思想和行为方式、待人接物的态度作为自己学习的榜样，处处效仿。

当离异家庭孩子在学校班级中由于精神打击过重而成绩不及格受到小伙伴的嘲讽时，如果教师采取专制的态度与同学们一起批评他，这样不仅使离异家庭孩子敏感的内心受到巨大的打击，而且易形成孤僻自卑的性格。如果教师采取民主的态度，关心他、尊重他，不仅可以使其情绪稳定、增强自信，而且可以帮助其和同学友好相处。因此，家长应和教师多联系，共同帮助孩子健康成长。

第三节　流动儿童的家庭教育

随着我国社会的高速发展，传统的生活方式发生了前所未有的变革，人口迁移成了我国城市化进程中普遍存在的现象。目前，越来越多的人离开户口所在地，以谋求更好的发展和更多的经济收入。在这些流动人口中，儿童的数量达到了不容忽视的规模，而且呈逐年递增的趋势。流动儿童随家长从经济相对落后的农村进入城市，由于城乡文化背

景、生活方式、价值观念的巨大差异以及户籍制度的限制，其与城市儿童相比在教育和发展资源方面处于相对弱势地位，从而在心理适应方面面对各种挑战。如何保障流动儿童的健康发展已成为多学科研究者共同关注的话题。

流动儿童是指在户籍所在地以外的城市生活半年以上、年龄在15岁以下的儿童。流动儿童无法享受与城市同龄儿童同等的教育机会，也被排除在乡村正式的教育体系之外，成为一个被“边缘化”的庞大群体。流动儿童作为一个特殊的群体，已经超出了一般的劳动力流动的范畴，流动儿童的问题，尤其是其受教育问题，是目前应重视的问题。

一、流动儿童存在的问题

（一）缺乏自尊与自信，自卑心理普遍

流动儿童家庭居住条件不佳，家长收入不稳定，家长不能在其学习成长过程中给予稳定的支持；流动儿童的权益问题、户口问题等都不如在同一环境中生活学习的城市儿童，无形的社会比较会增加流动儿童自卑的主观体验。另外，部分城市人对外来务工人员的歧视也会给流动儿童的心理造成压抑自卑的阴影。

（二）缺少家长的教育，问题行为较多

流动儿童的家长忙于生计，与孩子相处时间少、沟通少，家庭教育相对薄弱，导致孩子在性格上较为敏感、脆弱、自卑。此外，流动儿童家长往往也忽视了对孩子生活习惯的培养和人生观的教育，通常采取放任的态度，造成孩子学习动力不足。

（三）社会责任心缺乏，群体意识缺失

流动儿童家庭居住环境不稳定，家长对正在打工的城市往往缺乏归属感，他们只关心自己身边的事情，而不愿意去关心社会发展、科技进步，思想认识和知识水平跟不上时代步伐。在家长的影响下，流动儿童也表现出对他人和社会的漠不关心，往往缺乏社会责任心；作为更小的集体，如幼儿园、学校中的一员，他们则表现出一种群体意识的缺失，

在处理集体荣誉问题以及合作问题上表现得不能令人满意。

（四）自我认同感与社会认同感缺乏

流动儿童与其家长长期处于“边缘人”的社会地位，形成的是一种“边缘人”的独特心态，自我认同模糊。流动儿童一般比较敏感，一旦遭受歧视便沉默寡言。对于流动儿童而言，他们长期生活在对前途担忧、无奈和迷茫的心境中，其心理发展的两个极端均令人担忧：一种是面对难以改变的社会现实，产生“我对不起别人”的念头，进而缺乏自我认同；另一种是面对无法实现的现实，产生“别人对不起我”的念头，进而形成反社会心理倾向。

（五）容易出现极端行为

部分流动儿童由于不能很好地适应新的环境，会出现心理偏差，突出表现为叛逆、反抗等。有的流动儿童长期生活在被歧视的环境之下，会产生对城市的排斥心理，这种排斥心理如果伴随他们至青春期，可能会激发他们较极端的心理感受和行为表现。有的流动儿童因为心理压力大，经常出现打架、斗殴等行为，有时甚至会用极端的行动发泄不满情绪，成为社会的不安定因素。

二、流动儿童问题的成因

在儿童成长过程中，自我评价是非常重要的影响心理健康的因素。儿童的自我评价往往受周围教师、同伴、家长等的影响，即周围的人对儿童的自我身份认同起到了关键作用。周围的人认为他们行，他们会表现得很好；认为他们不行，他们就会感到自己不行。对于流动儿童来说，他们所处的社会地位、经济地位相对较低，经常会受到负面的消极的评价，这样就导致他们在心理上产生很大的压力，由此产生一系列的心理和行为问题。[1]具体成因有以下两方面。

---

❶ 郑福明，骆风．学前儿童家庭教育［M］．北京：教育科学出版社，2017：143.

（一）个体因素

个体因素包括流动儿童的年龄、性别、性格特点、自我认识等。研究表明，女童在焦虑、自责倾向、身体症状和恐怖症状等项目上的得分均高于男童。另外，流动儿童的总体幸福感、总体生活满意度、学校满意度和环境满意度随着年龄的增长逐渐降低，消极情感和自我满意度却随着年龄的增长逐渐上升。绝大多数流动儿童都比较内向拘谨，这就造成了一定的人际关系困难，影响其社会归属感。在对自我的身份认同和自身价值的认识上，流动儿童表现出的自我评价过低和价值感缺乏、自身定位不准确，导致了他们产生焦虑、抑郁和对未来的迷茫。

（二）环境因素

环境因素，包括家庭、学校、社会环境的影响。家庭是儿童成长中最重要、最早起作用的地方，家长的职业、收入、文化程度、家庭教养方式对儿童的健康成长起着举足轻重的作用。流动儿童的家长一般文化程度不高，因忙于生计而无暇管教子女，使得流动儿童在学业、各种行为方式的养成上都比一般正常儿童差。尤其是家长职业的不稳定，使流动儿童过着频繁流动的生活，从而产生孤独感，缺乏安全感和归属感，造成其对生活、对前途的迷茫和不安。

研究者发现，流动儿童的师生关系和同学关系与其问题行为显著相关。而且不同校园环境对流动儿童的影响也不同。公立学校流动儿童和民工子弟学校流动儿童虽然在较常出现的心理问题上较一致，但公立学校流动儿童的心理问题检出率明显较低，相对有更好的健康状况和更高的生活满意度。

三、流动儿童的家庭教育挑战

（一）家庭经济条件有限，影响流动儿童的教育投入

流动儿童家长多以小商贩和“打工族”为主，收入水平通常比较有限。其家长通常需要负责一家老小的各种支出，所以要精打细算地生活。在扣除家庭日常消费、流动儿童的学杂费用之后，能够用于流动儿

童的其他文化教育消费（如购买图书、玩具、艺体类的学习用具或参加兴趣班的费用）往往非常有限，这会影响到流动儿童的教育投入。例如，很多流动儿童没有自己的独立房间（有的甚至没有专用书桌，而只能在茶几上、床上写作业），很多流动儿童也没有上过绘画、音乐、舞蹈、钢琴等兴趣班。

（二）流动儿童家长自身素质有限，家庭缺少文化和学习氛围，对家庭教育的重视程度也比较有限

一些流动儿童家长缺乏必要的现代家庭教育理念与方法，难于科学地指导孩子的健康成长。一些流动儿童家长的劳动强度很大，在工作之余更喜欢在家喝酒、抽烟、打牌或者看电视，而不是辅导孩子的功课、作业，也很少带孩子光顾书店、图书馆、电影院等文化休闲场所。一些流动儿童在完成学业后，还要帮助家长照顾生意或承担家务，也影响到了他（她）们的业余生活。流动儿童家庭中很少有人专门订阅书报或藏书，即使有书也多是孩子的学习用书。总之，家庭明显缺乏文化和学习氛围，这使得流动儿童的精神生活相当贫乏。

（三）家庭教育意识薄弱，教育观念有失偏妥

一些流动儿童家长对家庭教育缺乏科学认识，认为“教育孩子完全是学校的事情、是教师的责任”，认为“家长只要把孩子送进学校就可以撒手不管了”。由于家庭教育意识薄弱，一些流动儿童家长在日常生活中很难有意识地为孩子树立言行榜样，难以在行为、道德、价值观上有意识地引导孩子。在家庭教育的过程中，不少流动儿童家长喜欢用简单的说教或催促来代替对孩子的辅导，用粗暴打骂来代替耐心细致的教育。另外，也不乏流动儿童家长坚持“读书无用论”“拜金主义”等不当和功利思想，导致流动儿童对知识、文化的轻视。还有一些流动儿童家长会因为“重男轻女”而让女孩提前辍学，剥夺了女孩正常接受教育的权利。

（四）家庭教育内容不够完整，忽视孩子身心健康的发展

家庭教育的内容应是全方位的，不仅包括智力的培养，也包括行为习惯的养成、健全人格的培养、伦理道德的习得等。但是，一些流动儿

童家长或为了弥补自身的遗憾，或希望孩子改变家庭命运，存在明显的“重智轻德”倾向，认为孩子“只要学习好就行了”，将分数视为衡量孩子的唯一标准。在这种家庭教育理念的导向下，有的流动儿童自私自利、缺乏社会责任感，有的流动儿童只会学习、缺乏社会交往能力，有的流动儿童成绩好但身体素质很差。这些流动儿童家长过分关注孩子的学业成绩，不仅不利于流动儿童的全面发展，而且可能会导致他们的厌学情绪。

（五）家庭教育方式不够民主、平等、科学

由于自身教育水平和客观经济条件的限制，一些流动儿童家长的家庭教育方式往往不够民主、平等、科学。一些流动儿童家长对待孩子的方式比较简单，好则奖、差则打；而且奖赏多停留在物质奖励上，而更重要的精神鼓励却很少有。有的流动儿童家长由于工作太忙，基本对孩子实行“放养”政策，很少过问孩子的学习、生活与心理健康问题。还有很多流动儿童家长没有充分认识到身教的重要性，没有在生活中有意识地为孩子树立良好榜样，没有注意到说粗话、打架、斤斤计较等不良行为对孩子的消极影响。

（六）亲子陪伴过少

一些流动儿亖家长几乎把自己的全部精力和时间都投入高强度的工作中，工作时间长，不能很好地照顾孩子的生活起居，不能陪同孩子完成作业、陪孩子谈心、陪孩子看电视、陪孩子去图书馆看书。过少的亲子陪伴，会疏远流动儿童与其家长之间的感情。

四、流动儿童的家庭教育策略

（一）为孩子营造良好的家庭文化氛围与学习环境

良好的家庭文化氛围在家庭教育中起着至关重要的作用。流动儿童家长要立足于现有的家庭经济条件，尽可能地为孩子创设一个良好的学习环境，想办法为孩子腾出一个读书写字的专用空间（哪怕是只有一张小桌子的小角落），尽可能地保证孩子的学习时间，并力所能及地为孩

子添置一些必要的学习工具等，为孩子的学习提供方便。

除此之外，家长还要为流动儿童创设宽松的心理环境，使流动儿童在家里可以心情愉快地学习。在日常生活中，家长还要多和流动儿童开诚布公地交流，及时了解孩子的思想动态，从而更好地帮助孩子释疑解惑，引导孩子健康成长。

（二）改变“唯分数论”的陈旧观念

流动儿童家长由于自身经历和生活条件的影响，往往特别关注孩子的分数，而对孩子其他方面的成长则不甚关注。针对这一点，流动儿童家长需要摆脱“唯分数论”的陈旧观念，要高度重视孩子的体育锻炼和身心健康、良好品德与行为习惯。

流动儿童家长要高度重视孩子的体育锻炼和身心健康。流动儿童家长必须明白，如果孩子没有健康的体魄和良好的心理状态，就算成绩再优秀，也很难取得大的成就。所以，家长要支持孩子坚持参加体育锻炼，让孩子拥有一个健康的体魄；同时，要鼓励孩子保持阳光心态、及时排遣负面情绪、乐观面对生活中的困难和不如意之处，从而成为一个心理健康的人。

流动儿童家长要加强对孩子的品德教育，使其养成良好的习惯。流动儿童家长要重视教孩子学会做人，培养孩子的良好品德与行为习惯，这将是孩子终身受用的财富。家长要教孩子孝敬父母，尊敬师长；言语“干净”，避免说脏话、粗话；仪表要整洁，生活上要自我约束；诚实守信，避免坑蒙拐骗；自觉遵守公共秩序，自觉遵纪守法等。除此之外，流动儿童家长还要教孩子养成上课专心听讲、独立完成作业、做事有计划、乐于参加劳动和集体生活等良好习惯。当然，对于孩子偶尔出现的错误，家长也不要过于苛刻，抑或打骂、恐吓孩子，而要理性对待，要以正面教导为主。

（三）宽严相济，做孩子的良师益友

流动儿童家长要明白的是：家庭教育只有在民主、平等的基础上，才能有效地发挥作用。如果采用高压管制的方式教育孩子，会压抑孩子

的个性发展。当然，讲民主也不是要溺爱孩子。比如，让孩子自由活动半小时，并不是放任孩子去上网浏览不健康内容。所以，在教育流动儿童时，家长要注意宽严相济，既要尊重孩子的独立人格、不随意打骂和强迫孩子，又要让孩子受到一定程度的约束和监督。家长对于孩子的进步要及时表扬，对于孩子的不足也要以合适的方式予以批评，既让孩子认识到不足，也不要伤害孩子的自尊心。同时，在日常生活中，家长还要尽量多陪伴流动儿童，多关心孩子的学习、生活、情绪等，力争成为孩子的良师益友。

（四）要强化孩子的安全教育

重视消除家中的安全隐患。家长要站在孩子的角度考虑问题，尽可能地消除家中的安全隐患。比如，家里的摆设、水、电、暖等设施，坏的及时修理好，有危害性的工具、设备要放在安全的地方；没有吃完的药片要藏在柜子里，以免孩子因好奇或贪吃而误食；高层的阳台和窗户要做好防护栏，以免孩子攀爬坠楼等。

提高孩子的安全自护能力。为防止意外，流动儿童家长还要多教孩子一些安全知识，以使孩子遇到紧急情况时可以沉着应对、化险为夷。比如，让孩子记住家长的姓名、工作单位、电话号码，会拨打“110”“120”“119”等电话号码等。又如，要告诉孩子独自在家时不要轻易给陌生人开门，以防坏人闯入家中伤害自己。再如，要教孩子懂得自防自卫，提醒孩子交友要慎重，并禁止孩子去网吧、歌厅等社会娱乐场所。

（五）注重孩子的全面发展

孩子的身体成长固然重要，但要克服只重视身体成长而忽视心理成长、重养轻教、重智轻德等错误的家庭教育认识。在重视孩子文化课学习的同时，要利用现有的条件引导孩子全面发展。比如，开小店或摆摊位的家长可以让孩子在课余时间和自己一起忙碌，做一些力所能及的事情，这样可以培养孩子爱劳动的好习惯，也让孩子懂得依靠自己的诚实劳动获得报酬是光荣的事情；在经济条件允许的情况下，家长支持孩子在课余时间报一两个兴趣班，让自己的孩子和城市里的孩子拥有同样发展自己特长的机会；在假期里，家长尽可能做到至少有一方抽出时间，带孩子接触外面的世界，可以去书店、动物园、博物馆、公园等，充实孩子的课余生活；家长可以定期带孩子参加一些公益活动，多关注社会和他人，帮助孩子塑造良好的品格。

（六）增加与孩子交流的时间

法国著名学者克里斯琴·施皮茨博士曾说："培养你们的孩子，多和孩子在一起，因为亲情的抚慰与关怀有助于孩子的成长。"多项调查也表明，流动儿童家长教养方式中"情感温暖、理解"因素越多，孩子对新环境的适应性就越好。许多流动儿童家长在外打拼，整天忙碌，虽然孩子在身边，却无暇过问孩子的生活和学习，对孩子的兴趣、交际、困惑就关心得更少，时间久了，就会失去家庭教育的主动权。因此，家长要尽可能多地抽出时间，创造与孩子交流的机会，问问孩子的学习、在学校的表现，或是主动给孩子讲一些自己见到或听到的有教育意义的事情，同时鼓励孩子多交流，给孩子提供讲自己想法的机会。要注意观察孩子的行为，并及时疏导孩子的消极情绪和心理困扰，避免打架、逃学、吸烟、酗酒等危害健康的行为出现。

（七）做孩子学习的好榜样

家长的言传身教对孩子有潜移默化的影响。流动儿童家长应重视自身素质的提高，在忙于生计的同时也要加强学习，平日注意自己的一言一行，为孩子树立好的榜样。比如，许多的流动儿童家长在逆境中求生存，具有吃苦耐劳、任劳任怨、自强不息的精神，这些良好的品质都可以教育和影响孩子，使孩子从小就能认识到生活的艰难，懂得要独立自主，并能分担力所能及的家庭事务，深知只有通过自己的不懈努力才能改变逆境。相反，如果家长无视自身不良行为对孩子的影响，经常在孩子面前赌博、说脏话、吵架等，必然对孩子产生负面影响。[1]

[1] 孟育群.亲子携手，走出成长困境：写给初中生家长[M].北京：教育科学出版社，2013：261.

第四节 农村留守儿童的家庭教育

农村留守儿童是指父母双方或一方外出到城市打工，而自己留在农村生活的孩子们。他们一般与自己的父亲或母亲中的一人，或者与上辈亲人，甚至父母亲的其他亲戚、朋友一起生活。

留守儿童问题是近年来一个突出的社会问题。随着中国社会政治经济的快速发展，越来越多的青壮年农民走入城市，在广大农村也随之产生了一个特殊的未成年人群体——农村留守儿童。农村留守儿童正处于成长发育的关键时期，但他们无法享受到父母在思想认识及价值观念上的引导和帮助，缺少了父母情感上的关注和呵护，极易产生思想认识、价值观念上的偏离和个性、心理发展的异常，一些人甚至会因此走上犯罪道路。因此，有必要关注农村留守儿童的家庭教育问题。

一、农村留守儿童存在的问题

（一）学习方面

1. 学习成绩普遍欠佳

由于家庭教育的缺位、亲情的缺失、沟通交流的缺少以及有效监护的不到位，留守儿童普遍缺乏良好的早期教育，学习成绩普遍欠佳。由于没有直接受到父母较多的、良好的家庭教育和行为引导，他们往往缺乏良好的学习习惯，学习热情和学习成绩明显不如其他学生，经常不按教师的要求完成作业，迟到、早退、旷课已是家常便饭，有的留守儿童甚至辍学。

2. 厌学情绪严重

学习是向未知领域进军的艰苦过程。对于留守儿童而言，必然会遇到许多困难和挫折。在家遇到学习上的困难时，只能靠自己思索，思索不出只好放弃，长此以往必然导致他们对学习不感兴趣，缺乏动力，产生厌学情绪。另外，由于留守儿童过早地体验到生活的艰辛，而且他们的家长往往以分数检验孩子在家的表现，留守儿童在面对成绩下降的情况时，往往会因缺乏正确的心理疏导而逐渐变得消沉，没有自信心，由此形成了一个恶性循环。

（二）心理方面

中小学阶段，是孩子的思想启蒙和人生观、世界观初步形成的关键时期。由于家庭教育弱化、亲情缺失和家庭环境不完善，留守儿童对情感的需求难以得到满足，极易在理想与现实之间形成落差，这对留守儿童的心理必然会造成一些负面影响。

1. 孤独、抑郁

孤独、抑郁是留守儿童最多的情绪体验。由于留守儿童缺少父母的亲情关怀，长期与父母两地分离，缺少与父母交流的机会，无法得到父母正常的引导和关心，父母也无法了解孩子的心理、思想变化。孩子成功时得不到赞赏，失败时得不到鼓励；进步时得不到表扬，忧郁时得不到开导；彷徨时得不到指点，孤寂时得不到抚慰，对于他们来说，父母成了他们最亲近的“陌生人”。长期的孤独导致他们性格孤僻，遇事不愿和监护人、教师商量，容易走极端，造成心理抑郁、性格孤僻、自卑闭锁等心理。表现为不愿与人说话交流，性格内向，容易自暴自弃，学习上降低要求，上进心不强等。

2. 个性发展出现偏异，缺乏自信心

留守儿童正处于心理发展的关键时期。在这一时期，他们特别需要长辈尤其是父母的关爱与引导。由于长期分离，留守儿童无法得到父母在思想认识及价值观念上的引导和帮助，缺少了父母情感上的关注和呵护。在家长外出务工后，一些留守儿童变得郁郁寡欢、脾气古怪、孤僻内向、性情淡漠，甚至会产生怪诞失常行为，长此以往，造成认知和人格发育偏异，集中表现为：敏感、不安、任性、冷漠等。

3. 出现行为偏差

农村留守儿童的行为偏差有两种相反的表现：退缩行为和攻击性行为。有些农村留守儿童存在社会退缩行为，他们逃避各种活动、害怕与人交往；还有些农村留守儿童因为与父母分离而缺乏安全感，容易对周围的人产生戒备和敌对心理，总感到别人在欺负他，经常将小事升级到打架斗殴。在长期情感缺失的环境中，在监护人无法及时制止他们的某些错误行为时，许多孩子还沾染了不良习惯，甚至有的孩子因缺乏道德约束，经不起外界的引诱，最终走上犯罪的道路。

（三）生活方面

父母外出打工对留守儿童生活的影响也较为复杂。一方面，父母由于在外打工，经济较为宽裕，对留守儿童生活的支付能力较强，所以在生活（主要是物质生活）的满意程度上，留守儿童的满意度更高。而且由于文化水平低，农村的家长大多认为只需要给孩子以物质上的满足即可，往往忽略了与他们情感上的沟通与交流。而他们的监护人由于思想观念较陈旧，认为监护的儿童是他人的孩子，所以自己不能过度指责，常对留守儿童过分地照顾与保护，对他们百依百顺，诸事包办，让他们除了学习之外什么都不管，这种过分的溺爱会导致孩子形成较强的依赖心理。另一方面，对于家长的外出打工，大多数留守儿童表示都能理解和体谅，同时也对自己缺乏关爱的生活表示无奈，他们大都很羡慕非留守儿童拥有完整幸福的家庭，也期待父母回家或者自己能去城里和父母一起生活。

（四）安全方面

由于家庭保护不完善，监护人缺乏防范意识，监护责任不落实，留守儿童往往容易成为被侵害的对象，人身安全缺少保障。同时，留守儿童大多年龄偏小，缺乏法律、生理、安全方面的知识和自我保护意识、能力，对突发事件的应变、自救能力也比较差，容易受到意外伤害。另外，一些农村大龄留守儿童离开了学校，脱离了正规组织的管理，处于无人监管、自行其是的状态，容易侵害他人或受到侵害。

二、农村留守儿童的家庭教育挑战

（一）隔代监护弱化了家庭教育，影响了儿童的生活质量与人身安全

农村留守儿童多由祖辈隔代监护，这虽然可以部分满足孩子的亲情需要，但祖辈往往年事已高，又要忙于农务，所以会影响到对孩子的监护效果，并容易影响到孩子的生活质量与人身安全。

在日常饮食方面，祖辈监护人往往生活简单，经常维持固定不变的饮食结构，饮食标准较低，营养结构不合理，其卫生状况也令人担忧。一些由祖辈监护的孩子会出现食欲不佳、营养不良、发育迟缓、身体健康指数低等情况。在留守儿童生病时，一些祖辈监护人也无法给予精心呵护，甚至会因缺乏医护常识耽误孩子治疗。

在人身安全方面，留守儿童缺少父母的有效监护，在需要保护的时候无法得到及时的保护，在需要帮助的时候不能得到有效的帮助，因此会出现不少的安全隐患。比如，每年暑假的时候，都会有关于农村留守儿童下河游泳溺亡的事件报道。此外，公安部门统计数据显示，留守儿童群体也是儿童拐卖案件的主要受害群体之一（仅次于流动儿童群体）。

（二）父母的亲情陪伴不足，影响儿童的心理健康

家庭教育是建立在亲情基础上的潜移默化的教育。孩子需要在父母的亲情呵护下，享受最基本的物质生活照顾，促进身体成长；需要通过与父母进行感情交流和互动，感受爱与被爱；需要接受父母的教育，习得基本的生活常识、社会规范，树立正确的人生目标；需要在父母的帮助和督促下，学习科学文化知识；需要感受父母的权威形象，进而形成独立、健全的人格与个性。

但对于留守儿童而言，来自父母的亲情陪伴是明显不足，甚至是常年缺乏的。他们的父母常年在外务工经商，回家次数有限；即使通过电话、网络等方式联系，也无法避免这种沟通的远距离性和非面对面性，这会影响到亲子沟通交流的效果。父母亲子陪伴的寥寥无几，使留守儿

童无法学习父母的言行榜样，无法充分地从父母那里获得关爱和情感支持，在遇到困惑与挫折时，也无法从父母那里得到及时的帮助。这在一定程度上导致农村留守儿童成为“父母双在的孤儿”。长期的分离和缺乏亲情沟通，容易导致一些孩子出现情绪障碍。经过长期的分离之后，一些留守儿童在与父母见面时会感到生疏、冷漠、交流困难，甚至有的孩子在见面时连“爸爸”“妈妈”都不愿意叫，让父母觉得很心酸。

（三）父母监护缺失，影响儿童的学业成绩与道德品行

父母进城务工经商之后，很多留守儿童的学习处于无人看管的境地。一些留守儿童因父母离开，在一段时期内学习情绪低落、消沉，课堂听讲不能集中精神，作业不能很好地完成。在遇到学习困难或学习取得进步的时候，父母亲很少有机会采取最直接、最有效的方法给予他们鼓励、奖赏或正确引导。实际承担家庭教育任务的祖辈大多是文盲或半文盲，文化素质低、教育意识落后、教育方法不当、身体精力有限，往往对监督和辅导留守儿童的学习感到力不从心。一些留守儿童因此逐渐对学习失去兴趣，并直接从学校辍学。

除学业成绩之外，父母疏于监护的留守儿童在道德品行方面也容易出现问题。在道德观和是非观的形成阶段，由于父母的教育缺失，一些留守儿童心理抗压能力较弱、易受外界不良因素干扰。一些自律意识不强的留守儿童日渐养成奢侈浪费、好逸恶劳、不听长辈教导、我行我素、说谎骗人等不良行为习惯。一些道德意志薄弱的留守儿童经常违规违纪，如扰乱课堂秩序、迟到早退、旷课等，严重者还会酗酒、拉帮结派、打架斗殴、赌博，甚至走上违法犯罪的道路。

三、农村留守儿童的家庭教育策略

按照有机教育的基本理念，有父母共同参与的家庭教育，才是最理想的家庭教育模式。解决农村留守儿童家庭教育问题的根本办法是使留守儿童不再“留守”，即让留守儿童跟随父母进入城市学习和生活，或者让其父母返回农村、履行父母职责。但从目前的实际情况来看，暂

时还做不到不让父母外出务工，孩子跟随父母流动也不可能一蹴而就地实现。所以，留守儿童的父母要综合权衡孩子需要与家庭实情，为孩子选择最合适的代理监护人，并要加强亲子沟通与联络，做到“缺位不缺职”。与此同时，代理监护人也要不断改善家庭教育质量，从而为留守儿童的健康成长、“完整”成长创造良好条件。

（一）树立正确的教育观念

由于代理监护人大多为祖辈，他们传统的育儿观念已经不能适应现代儿童成长和发展的需要。因此，留守儿童的代理监护人应该转变传统的育儿观念，掌握一些科学的育儿知识，促进留守儿童的正常发育发展。代理监护人除了应关心留守儿童的身体健康外，还应关注其心理健康，满足其心理需求，加强与孩子的交流沟通，试着用儿童的眼光去看待他们的世界，体察他们的感情。代理监护人还要通过说服的方式来管教留守儿童，帮助他们正确地看待父母外出打工这件事，让他们明白父母外出打工是迫于生活，而不是置他们于不顾，消除孩子对父母的怨气，让孩子学会尊重和体谅父母。

（二）综合权衡孩子需要与家庭实情，为孩子选择最合适的代理监护人

留守儿童的父母要从长远的角度考虑整个家庭的发展，要意识到“孩子的前途也就是整个家庭的前途”。在外出打工时，尽量考虑让父母中一方在家照顾孩子，尽可能保证父母中至少一方可以参与孩子的抚养与监护过程，以保持亲子关系的存在。这样父母可以比较充分地注意到孩子在成长过程中身心发展的变化，并对孩子身上出现的一些不良问题进行及时有效地引导和矫正。

如果父母双方都要外出的话，有条件的父母要尽量把孩子带在身边，使孩子时刻能体验到父母的爱与关怀，这不仅可以增进父母与孩子之间的感情，也可以让孩子见见世面，并让孩子了解父母的辛苦，以激励孩子努力学习、奋发向上。

如果父母双方都要外出且暂时无法让孩子一起前往，那么务必要为

孩子选择合适的代理监护人。在寻找和确定孩子的代理监护人时，要慎重地考虑被委托人是否具备监护能力。代理监护人最好是有文化、有责任感、能监督和指导自己孩子的亲朋好友。如果是祖辈监护人，一定要嘱咐其对孙辈要严格管理，加强生活和学业的监督。

（三）外出父母要加强亲子联络与沟通，做到“缺位不缺职”

外出父母要提高家庭教育责任意识。外出父母不要“生而不养”，把孩子扔给祖辈不管，不要简单地认为“只要给孩子钱，让孩子接受好的教育，就是对孩子负责”，不要认为“自己辛辛苦苦打工也是为了孩子，孩子会体谅的”，也不要认为“教育是学校和教师的事情”。同时，父母不能只关注孩子的学习和考试成绩，还要多关心孩子的道德发展和人格完善，注重孩子的全面发展。

外出父母要加强亲子联络与沟通，做到“缺位不缺职”。外出父母即使不在孩子身边，也要与孩子保持有规律的联络。比如，通过现代通信工具（如电话、邮件、手机等）方式与孩子保持沟通，并对孩子的学习和生活进行指导。通过这些方式，即使家长与孩子有一定的空间距离，也仍然可以有效缩小亲子之间的心理距离。

外出父母要和孩子的代理监护人、学校教师等保持经常联络沟通。在联络沟通过程中，既要向他们帮忙照顾和教育孩子给予精神或适当的物质感谢，也要及时向他们了解孩子的学习、成长等方面的进展。同时，外出父母还要适当放权给自己委托的代理监护人，免除代理监护人心中的顾虑，使他们能够更好地安排孩子的家庭生活、管束好孩子的行为、合理对待孩子的要求等。

外出父母还要定期回家看望和陪伴孩子。在节假日或休息的时候，外出父母要多抽空回家陪伴留守在老家的孩子，或者让孩子在假期去看望自己，可以一起享受天伦之乐。父母在和孩子相处时，要注意言传身教，在孩子面前要树立良好的形象，切不可行动鲁莽或语言粗鲁；同时，也要避免由于“亏欠”心理而过多实施“物质补偿”，而要理性地给予孩子爱和呵护。

（四）代理监护人要切实改善留守儿童的家庭教育质量

对于那些因为各种原因不得不由祖辈或亲朋好友代为监护的留守儿童，一个关键是代理监护人要切实改善留守儿童的家庭教育质量。代理监护人要更新教育理念、树立儿童全面发展的观念，同时提高监护责任意识，为留守儿童开展科学全面的家庭教育，促进留守儿童的全面健康成长。

此外，代理监护人还要提高安全意识，做好留守儿童的安全监护工作；要在条件允许的情况下，为留守儿童提供良好的膳食和营养；要为留守儿童创造良好的学习条件，并为其做好必要的学业监督、辅导、答疑等；要注重培养留守儿童良好的道德品行和行为习惯，并高度关注留守儿童的情绪情感与心理健康。总之，代理监护人作为农村留守儿童的代理家长，要认真履行代理家长的义务，对留守儿童做到认真负责。

（五）必要时进行心理疏导与治疗

如果留守儿童出现心理问题时，应正确看待，从科学的角度寻求解决方式，决不能歧视或采取暴力的方法。父母和代理监护人可以向学校的心理教师或当地的心理热线求助，也可到专门的心理咨询机构或心理门诊，帮助留守儿童解决遇到的问题。

（六）重视儿童人身安全

安全问题一般都是突发性问题，它会不定期地发生。留守儿童本身因缺乏监管，特别是对于无人监护的留守儿童，增加了防范危险的难度。因此，父母和代理监护人必须坚持不懈地对孩子进行安全教育，教给孩子安全防范的方法，让孩子从细微处做起，养成良好的安全习惯，并不断加强对孩子们的安全监护。针对不同年龄的儿童面临的主要安全问题，有侧重地做好教育和防范。

（七）积极配合学校教育，及时了解孩子的成长动向

孩子的健康成长离不开家庭与学校、社会的共同努力、配合。外出务工的家长在外出前应协调好学校、代理监护人和孩子之间的关系，让代理监护人与学校积极配合，协助学校教育，督促孩子的学习；同时

要经常与学校保持联系，及时了解孩子的成长动向，配合学校教育的完成。父母或代理监护人要坚持每学期开学或学期末放假时到学校就孩子学习、生活等问题及时询问教师，并告知教师有关孩子的情况，让教师对孩子的情况有更多的了解，以便教师在平时的教育教学中有针对性地实施教育，双方共同承担起教育孩子的责任。

第六章　现代家庭教育的新泛型
——学习型家庭及其构建

实现从传统家庭教育向现代家庭教育变迁，是家庭教育发展的必由之路。我国当代家庭教育正在实现这一历史性转换。随着社会的发展和进步，社会生活不断丰富，科学文化知识不断更新，学习型社会正日益成为21世纪人类社会的主旋律。在这一背景下，家庭成员之间的交互日益频繁，“前喻文化”[1]模式使亲子之间互为教育主体的家庭教育模式，已经逐渐成为人们普遍的共识，而以往那种单向的、不平衡的家庭教育模式已经越来越难以适应社会发展和个体发展的需要，一种新型的家庭教育模式——学习型家庭，正日益成为21世纪家庭教育变迁的理想范型。

第一节　学习型社会与学习型家庭

一、学习型社会与学习型家庭的概念

（一）学习型社会的概念

学习型社会，是指有相应的机制和手段促进和保障全民学习和终身

---

[1] 前喻文化亦称“老年文化”，是指晚辈从长辈处习得的文化，由美国人类学家玛格丽特·米德首先提出。

学习的社会，其基本特征是全社会的人善于不断学习，形成全民学习、终身学习、积极向上的社会风气。学习型社会是时代发展和社会进步的产物，它对学习的要求比以往任何时候都更强烈、更持久、更全面，全社会的人只有不断地学习，才能应对新的挑战。学习型社会不是自然而然地形成的，需要人们根据实践发展的要求，努力建设学习型家庭、学习型组织、学习型企业、学习型社区和学习型城市等。

（二）学习型家庭的概念

学习型家庭源于学习型组织的理念。在从学习型社会、学习型城市、学习型社区到学习型家庭的序列中，学习型家庭是学习型组织中的最基本单位。学习型家庭又是家庭成员终身学习的特殊学习组织。在家庭中，每个家庭成员的学习权利和学习需求能够得到保障和满足；家庭终身教育体系能够建立；学习的目的在于提高家庭成员的各种素质和家庭生活质量，推动家庭的可持续发展，促进家庭的和谐。

理解学习型家庭的概念，必须把握如下几点：一是学习型家庭是社会急速发展的产物，是为了使家庭更好地适应社会发展的需要。二是学习型家庭是实现家庭幸福的一种新的形态。三是学习型家庭是以学习为家庭活动的主题，强调时时、处处、事事学习。四是学习型家庭是一种体现家庭情感与民主、体验和分享的有机组织。五是学习型家庭的构建是一个持续的、动态的、发展的过程。

从定性的角度来讲，学习型家庭把学习作为家庭成员的基本需要，家庭成员具有终身学习的理念，有尊重知识的价值取向，有热爱学习的生活态度，有自觉学习的良好习惯；家庭有浓厚的学习氛围，有共同制订的家庭学习发展计划，有一定量的学习时间和必要的学习设备条件。学习型家庭不仅具有满足家人生活需要的功能，而且重在追求人文精神，塑造高尚人格，培养高尚情感，是不断发展智能素质的、适应学习型城市建设需要的现代家庭。

从定量的角度来讲，学习型家庭主要由以下几个方面组成。一是有相当的文化投入。家庭要有一定数量和层次的家庭藏书，订阅若干份报刊。家庭拥有计算机并能够联网，家中有学习书桌，有条件的应有独立的书房，不断添置新书和文化学习用品。二是家长带头学习，成为学习型家庭的主体。家长有明确的学习动机，有具体的学习目标，有较强的学习能力，能客观评价自己的学习成果；能掌握现代优教知识，与孩子建立交互式的学习模式；能尊重孩子的人格，善于与孩子沟通和发现孩子的闪光点，从而在家庭成员之间形成和睦、平等、民主的氛围。三是合理配置休闲时间，家庭成员经常共同学习、共同提高。家庭成员坚持收听收看新闻节目，关心国内外大事，有一定的政治鉴别力和文艺欣赏力，每天安排一定时间阅览报刊、上网学习；能以就餐、散步、聊天等为契机，经常交流学习体会，共同分享学习成果。每位家庭成员的学习时间不少于休闲时间的1/3，并能常年坚持学习活动。四是积极参加学习活动，使家庭生活质量不断提高。能积极参加学习型城市建设的各项活动，提高交往能力、生存能力、竞争能力。善于利用社会信息资源支持家庭学习，并能将获取的新知识、新能力应用于本职工作。家庭学习质量不断提高，家庭学习成果明显，家庭、个人与社会同步发展。可以说，学习型家庭是纵向的终身教育与横向的家庭、学校、社会大教育的结合点，是促进个体发展、社区发展、社会发展的着力点，是建设学习型社区、学习型城市的最佳着眼点。创建学习型家庭是21世纪的“家庭革命”。

二、学习型家庭的基本特征

学习型家庭作为一种新的家庭形态，具有如下特征。

（一）自主学习

自主学习是指学习者自觉确定学习目标、选择学习方法、监控学习过程、评价学习结果的自我调解过程或能力。个体需要是个体行为的积极性源泉，是个体活动的基本动力。在学习型家庭中，强调学习活动是一个自觉自愿的、积极主动的、愉快的过程。

（二）全员学习

现代社会知识的迅猛增加和知识老化速度的加快，要求现代家长必须与时俱进，以宽广的胸怀迎接新知识及新人生的挑战，自觉进行“继续社会化”。学习型家庭强调家长不仅要与孩子共同学习，还要向孩子学习，建立起一种新型的代际关系，从而实现家长与孩子的共同成长，并分享彼此的成长经验。

（三）生活化学习

在学习型家庭中，学习成为家庭生活的有机组成部分，学习生活化，生活学习化。家庭成员除了学习书本知识外，还应在人际交往中学习，学习社会、自然、现代科技中的知识，从而形成一种开放式的学习氛围。

（四）共同分享

家庭学习实际上是一种相互分享的过程。家庭分享是家庭成员对各自和共同劳动创造的物质成果与精神成果的共同使用与享受的过程。家庭成员之间需要相互讨论、交流、鼓励，甚至争执，从而通过积极的分享加强信任与理解。而积极的家庭分享能否形成，有赖于家庭中是否具有民主、平等、尊重、理解和关爱的家庭氛围。

（五）共同成长

家庭学习不仅是一个不断获得知识的过程，而且是一个在此基础上使家庭成员之间通过理解、反思、讨论、交流、实践，增长经验、解决问题、锻炼能力的过程。学习型家庭强调家庭成员共同学习、相互学习，并且透过知识的运用与转化，促进和实现家庭的成长与发展。

（六）开放性

开放性是指将传统型家庭的封闭式学习和教育向学习型家庭的开放式转变。传统型家庭的学习和教育往往只注重家庭内部的学习与教育，与外界联系较少，具有封闭性特征。学习型家庭要求家庭的学习和教育必须是开放、面向社会、面向未来、与时俱进的。进入21世纪后，整个社会改革开放的力度越来越大，前进的步伐越来越快。处在这样一个大背景下的家庭学习和教育必然是开放性的。创建学习型家庭就是为了应对这种挑战，逐步建立家庭与学校、社区、社会的联系与互动。

（七）多元性

多元性是指学习手段的丰富性，即从传统型家庭教育手段的单一性向学习型家庭教育手段的多元性转变。教育媒介的多样化，极大地丰富了家庭教育的手段和内涵。学习型家庭的学习硬件建设，除了要有传统的书本、书桌、字典、词典外，还应订阅报纸杂志，配置电视机、计算机和多媒体等。除此之外，学习型家庭还要经常举家外出旅游、参观访问、欣赏音乐戏剧、参加文艺活动等，为家中成员创造良好的教育和学习环境。

（八）计划性

计划性是指把传统家庭随意的凌乱的学习转变为计划指导下的学习。传统型家庭的学习、教育没什么计划，只是一种被动性的应付。没有计划，单凭一时的兴趣的学习是难以持久的。制订计划能使学习活动成为一种自觉的行为，从被动的“要我学”转变为主动的“我要学”。学习型家庭的学习计划主要包括三个层面的内容。其一是建立学习目标。学习目标是从事学习活动所要达到的标准或预期结果，是家庭成员提高学习积极性、自觉性和效率的关键。建立目标，应尽量根据每个人的实际，循序渐进，既不能好高骛远，又不能没有挑战性。其二是制定实施步骤和措施。要详细制定每个步骤、每个阶段的学习要求和学习措施，确保学习目标的落实。其三是汇报交流。每经过一段时间（根据具体情况，一个月、两个月不等），所有家庭成员都要向其他成员汇报交流自己的计划执行情况，以达到互相监督、共同促进的目的。

（九）终身性

终身性是指学习型家庭的学习要从过去的阶段性、暂时性向终身性转变，学习型家庭的学习要求人们从生到死持续不断地学习。

三、学习型家庭的要素指标

学习型家庭的要素指标包括家庭学习氛围、家庭学习共同愿景、家庭成员的学习计划和成长计划、家庭成员的学历进阶、家庭学习的投入等方面。

（一）家庭学习氛围

建设学习型家庭，关键是在家庭里营造浓厚的学习氛围。通过家庭环境特有的亲情关系和亲和力，熏陶和感染每一位家庭成员，培养家庭成员浓厚的学习兴趣。

家庭无论大小，如果没有浓厚的学习氛围，也就等于没有一个好的学习环境；而没有一个好的学习环境，要想开展学习、搞好学习是不可能的。环境是能影响人、改造人的，对可塑性很强的青少年更是如此。如果一个家庭环境安静，满屋书香，人人好学，那么不爱读书的人置身其中也会爱上学习。相反，一个家庭虽然装修豪华，现代化家电设备齐全，但是不见书踪报影，环境嘈杂，麻将声声，这样的家庭是不可能出现读书人的，更不可能成为学习型家庭。所以，营造好的学习环境十分重要。

由于家庭学习氛围这个指标内涵宽泛，不便于定量测量，我们可以借助于其他指标，如家庭是否全员学习、成员中有无影响他人学习的行为、学习共享时间、资金的投入、家庭成员责任感、家庭稳定性与和谐性、学习上的相互支持性、交流与沟通情况、家庭成员在人格上的平等性等来测量。

（二）家庭学习共同愿景（目标）

家庭是一个不同于企事业单位的特殊组织，因此不像企业那样有明确的共同愿景。家庭的共同愿景一般是家庭中人与人之间的相互承诺，以及对彼此愿望的相互支持，也可能是改善生活质量的共同的期望和决心。总之，家庭共同愿景是一种为家庭成员认同和接受的、对于个人和家庭未来生活的希望和信念。有没有共同的生活希望和生活信念，会影响到家庭成员的凝聚力，从而影响家庭成员对学习型家庭构建的努力程度。而一个能够凝聚家庭全体成员的美好愿景，会对学习型家庭建设产生积极的推动作用，因此也是影响学习型家庭建立的重要因素。

（三）家庭成员的学习计划和成长计划

在学习型家庭中，每个成员都应该有明确的学习计划和个人成长（或发展）计划。只有制订计划，学习才能有一定的步骤，并通过完成每一阶段的学习计划，产生一定的绩效，对每个家庭成员的学习都将起到激励作用。因此，该指标也是衡量学习型家庭的重要指标之一，主要通过有无计划和计划是否详尽、完善来测量。

（四）家庭成员的学历进阶

由于家庭成员的受教育程度会直接影响家庭的学习兴趣和学习能力，特别是对于受教育程度较低的家庭成员，学习能力可能会成为制约他们学习的重要因素，影响到其学习兴趣以及对学习内容的选择。因此，家庭成员的最高学历基本上可以衡量出一个家庭的受教育程度、学习兴趣浓厚程度和学习能力水平。

（五）家庭学习的投入

家庭学习的投入主要包括时间投入、共享时间、经济投入、设备投入。时间投入是指家庭成员合理配置休闲时间，坚持收听、收看新闻节目、关心国内外大事；每天工作之余能安排一定时间自主学习，学习时间不少于休闲时间的1/3；利用就餐、散步等时机，经常交流学习体会，共享学习成果；积极利用图书馆、博物馆、科学馆等社会文化资源，多渠道开展家庭学习，不断丰富业余文化生活。

共享时间是指除了个人进修学习外，家庭成员还要有共同讨论家庭事务的时间、全家谈心沟通交流的时间。共享时间包括正式场合的交流沟通，如开家庭会、讨论某个问题等，也包括非正式场合的沟通，比如有的家庭利用晚餐时间，一边吃饭一边交流信息，共享心灵感受；有的家庭利用饭后散步时间，一边观花看草一边交换思想等。

家庭共享时间主要通过一般情况下每个家庭每周花多少共享时间学习、家庭共享时间的学习占家庭闲暇时间的百分比来测量。

学习型家庭是现代社会的产物，它的建立离不开现代化设施和与之相适应的现代化观念。一个追求现代化的家庭会把这两方面有机地结合起来，营造良好的学习环境。现代家庭已不满足于衣食住行的改善，越来越重视对教育的投资，或不惜重金参加各种培训和进修，或给孩子聘请家庭教师，或购买书籍报刊、家用计算机和学习软件，进一步为建立学习型家庭奠定良好的物质基础。

由于必要的投入有助于学习型家庭的学习，我们选用了家庭用于学习的资金投入这个指标。该指标主要以一定时期内家庭用于学习用品、用具等方面的支出占该时期家庭总收入的比重来测量。

四、创建学习型家庭的指导思想和原则

（一）创建学习型家庭的指导思想

创建学习型家庭，要以马列主义、毛泽东思想、邓小平理论、“三个代表”重要思想、科学发展观和习近平新时代中国特色社会主义思想为指导，以提高家庭成员的社会适应能力和生活质量、培养家庭成员强烈的社会责任感为目标，以“重家教，以德立家；学法律，以法护家；勤上网，信息富家；好读书，文化兴家”为主要内容，提高家庭成员综合素质，提升家庭文明程度。要充分调动家庭成员的学习兴趣，促进共同学习、相互学习、自我改变、自我完善，塑造其高尚人格，提高其综合素质，以适应知识经济发展要求，为富民强市、率先基本实现现代化做出贡献。

（二）创建学习型家庭的原则

1. 长远性与阶段性相结合的原则

家庭是各不相同的，其结构、层次、观念、习性等状况迥异。因此，首先，必须根据实际，制定创建总体规划，把目标确立在科学、合理、可行的基础上，防止主观主义。其次，以实事求是的思想和工作方法，确立递进式阶段目标，要以一年为一个创建阶段，成熟一批，创建一批，扎实稳步地推进创建工作，防止急于求成。与之相适应，制定有等级、分类别的层次式学习型家庭评估条件，使之适用不同类型家庭，有效增强创建工作的覆盖面和广泛适用性，把目标和现实有机结合起来。

2. 全面性与局部性相结合的原则

学习型家庭创建工作是一个地区全面性的整体工程，既是家庭精神文明建设的“重头戏”，又是创建学习型社区的关键环节。在学习型家庭建设工作还处于起步阶段，没有成功经验可以借鉴的情况下，要根据各地的实际情况，本着“以点带面、稳步推进”的指导思想，在全面宣传与倡导的基础上，选择基础条件较好的、学习氛围相对较浓厚的社区先行试点。对试点社区要先从调查摸底入手，了解、掌握每个家庭的学习现状。在实践过程中，还要加强总结，积累经验，不断完善。要选择培育不同类型和层次的家庭，按照评估条件，每年评选出一批学习型家庭，在取得成功经验的基础上，逐步推广，为创建学习型社区奠定基础。

3. 广泛性与典型性相结合的原则

学习型家庭创建工作要求社区全体成员和家庭广泛参与，只有这样，学习型家庭创建才具有坚实基础。为此，一方面要广泛全面发动社区居民积极主动参与创建工作，把社区全体成员学习的内在动因和活力激发出来，使越来越多的家庭加入学习型家庭建设活动中，形成普遍浓郁的社区文化学习氛围；另一方面在普遍宣传倡导的基础上，要选择典型学习型家庭范例，运用各种宣传手段，开展交流示范，用典型引导整体创建工作。

4. 主动性和指导性相结合的原则

家庭中的每一个成员，不管是家长还是孩子，都是学习型家庭的主体，应当养成主动学习的习惯。但从实际情况来看，还应当加强倡导和指导工作。而且，如何激发每个主体的学习动机，提高其学习能力，应成为指导者面临的迫切任务。家长的学历、职业、经济收入、价值取向不同，引发了学习态度、学习状态、学习动机的不同。不同区域、不同层次的家庭对家庭学习的需求有差异，学校、社区对不同家庭的指导与推进，应从实际出发，循序渐进，使学习的热情变成学习的习惯。

5. 目的性与趣味性相结合的原则

同一个家庭中每个家庭成员处在不同的生命阶段，其学习的需求和目的是不一样的。因此，不同家庭对学习的内容应当有不同的安排。学校、社区也应充分考虑到不同家庭的学习内容差异，提供多元化的学习资源，切忌一刀切。家庭的学习不仅是孩子的学习或者说是围绕孩子的学习，家庭其他成员也可以根据各自的年龄和职业特点安排不同的学习内容，如专业技术理论、生活常识、医疗保健知识、美容美发知识、装修烹饪知识等。❶

五、创建学习型家庭的意义

（一）形成孩子健康成长的良好环境

家庭教育环境对孩子的健康成长起着决定性的作用。在学习型家庭里，具有相当层次的知识构架和教育能力的家长，能够在子女教育中拥有一定的话语权，担当起教育孩子的重任。更重要的是，从言传身教、以身作则的角度来说，学习型家庭的家长在孩子面前树立的对知识的无限渴求、对事业的不断追求等形象，能够对孩子起到良好的榜样示范作用，使孩子受到潜移默化的影响。学习型家庭教育的本质是家庭学习，家庭教育的过程是家庭学习的过程，也是家长与孩子相互学习、共同成长的过程。要创建学习型家庭，必须建立催化学习的环境，让孩子感受温暖和安全。

学习型家庭的一个很明显的特征是民主性、平等性。实践证明，民主、温馨、相互尊重的家庭环境，对孩子的人格发展影响很大，最适合孩子成长。民主的教育方式有助于孩子个性的健康发展，养成孩子稳定的性格；有助于培养孩子的求知欲和奉献精神，引导孩子客观、全面地认识问题，养成孩子行为的自觉性、自制力、毅力和果断性；有助于培养孩子的责任感、荣誉感和进取精神，形成孩子在人际交往中的诚实、关心他人的良好品质。

（二）有利于家庭的和谐发展

学习型组织理论对家庭的管理带来了许多有益的启示：家庭在很大

❶ 怀忠民，魏小鹏．学习型城市研究［M］．北京：红旗出版社，2006：390.

程度上与组织相似，组织需要管理，家庭也需要经营。学习型组织理论的提出者——美国麻省理工学院教授彼得·圣吉认为，学习型组织的核心内容在于“五项修炼”：第一项修炼是自我超越；第二项修炼是改善心智模式；第三项修炼是建立共同愿景；第四项修炼是团队学习；第五项修炼是系统思考。对于家庭来说，这五项修炼是指鼓励所有的家庭成员自我发展。意即鼓励家庭成员不断扩展个人学习新知的能力，学习处理人际关系的能力以及学习解决问题的能力，学习应对各种突发状况的能力；寻找真正影响家庭成员个人或者家庭行动的决定性因素，进而反省、改变想当然的心智模式；家庭成员共同建立真正属于家庭的愿景或者期望，家是家长的也是孩子的，不管愿景是大是小，既然是影响家庭的决定，就应该让所有成员共同参与进去；家长应放下身架，营造家庭成员相互学习的气氛，并转变角色，与孩子一起学习，这是学习型家庭创建的很重要的条件；在家庭中，系统思考方式就是使家庭成员意识到自己的行动如何造成了家庭目前的处境以及如何能够加以改变，运用这种思考方式可以使家庭成员认清整个变化形态、问题背后的真正原因并解释变化的情景。

对于一个家庭来说，有一个家长与孩子都向往的共同家庭愿景；每个成员的自我发展都得到鼓励与重视；家长能放下架子与孩子一起学习；家庭成员能经常换位思考自己的行为对家庭其他成员及家庭总体发展产生的影响，这样的家庭虽然不能解决所有的问题，但是能增强家庭成员的凝聚力与亲和力，增强家庭解决问题和适应社会的能力，从而推动家庭的和谐发展。

（三）奠定创建学习型城市的基础

学习型家庭是学习型社会的基础，是学习型城市、学习型企业、学习型社区、学习型机关的交会点。只有广泛开展创建学习型家庭活动，创建学习型城市才不会成为一句空话。一方面，学习型家庭的个人学习促进了学习型企业、学习型社区、学习型机关等的建设，从而促进学习型城市的建设。另一方面，学习型家庭的建设具有强大的示范和激励功能，家庭成员在创建过程中，不仅激励家庭个体，也会带动同事、同学、朋友等。创建学习型家庭，不仅有利于在家里营建学习的环境，而且有利于在单位、在全社会营造学习的氛围，形成学习的潮流，在人们脑海深处树立终身学习的理念，促进终身教育的发展。所以，创建学习型家庭活动的广泛开展，必将大力推动学习型企业、学习型社区、学习型机关的建设，为建设学习型城市提供重要的通道。

（四）有利于学习型社会的建设

学习型社会是一个网络系统，它由以下几个部分组成：学习型个人、学习型家庭、学习型企业、学习型机关、学习型社区及学习型城市，这几个部分之间相互影响、相互制约。其中，学习型家庭在学习型社会网络系统中处于核心地位。学习型家庭同学习型城市、学习型机关等存在着相互影响、相互制约的关系。学习型家庭是塑造学习型个人的最佳场所；学习型家庭同时是学习型企业、学习型团体与机关、学习型社区、学习型城市形成的最佳通道。只有每个家庭成为学习型家庭，才会有力地提升社会学习的风气，实现全民族终身学习、迈向学习型社会的目标。

第二节　学习型家庭建设的机遇

学习型家庭建设直接关系到学习型社区乃至学习型社会的建设，对整个学习型社会建设具有奠基性的作用。在建设学习型社会的大环境中，党和政府在政策制度、实践经验、文化环境等方面为构建学习型家庭提供了可能。

一、充分的政策或制度保障

从20世纪90年代开始，我国日益重视家庭教育工作。1991年，国务院办公厅发布《国务院办公厅转发国家教委[1]等部门关于创造良好社会教育环境保护中小学生健康成长的若干意见的通知》，要求“重视家庭教育的工作。帮助家长提高家庭教育水平，纠正错误的教育方法。有关部门要密切配合，建立家庭教育咨询机构，举办‘家长学校’，积极组织广大教育工作者、专家、学者研究家庭教育理论和编写有关家庭教育的参考资料。”1995年颁布的《中华人民共和国教育法》明确规定：“学校、教师可以对学生家长提供家庭教育指导。”1998年，《全国家长学校工作指导意见（试行）》明确了家庭教育指导工作的目标、任务、措施和办法。21世纪以来，《关于进一步加强和改进未成年人思想道德建设的若干意见》和《家长教育行为规范》等，都要求“重视和发展家庭教育”。以2006年7月《杭州市家庭教育“十一五”规划》率先出台为发端，全国各地陆续就家庭教育的目标、任务和措施制定相关规划。2007年，全国妇联等八部委联合发布了《全国家庭教育工作“十一五”规划》，明确了“十一五”期间家庭教育的指导思想和总体目标。

2010年以来，《全国家庭教育指导大纲》《国家中长期教育改革和发展规划纲要（2010—2020年）》《中国儿童发展纲要（2011—2020年）》等陆续发布，指出要联合学校教育和社会教育一起办好家庭教育，最大限度地满足儿童的发展需要，为儿童一生的发展奠定重要基础。党和国家关于家庭教育的政策和制度，对于学习型家庭的构建同样适用。

2021年10月，《中华人民共和国家庭教育促进法》颁布，旨在发扬中华民族重视家庭教育的优良传统，引导全社会注重家庭、家教、家风，增进家庭幸福与社会和谐，培养德智体美劳全面发展的社会主义建设者和接班人。

2021年12月，教育部办公厅颁布了《关于学习宣传贯彻中华人民共和国家庭教育促进法的通知》，提出要充分认识重大意义，认真组织系统学习，面向家长重点宣传，加强学校指导服务。

[1] 国家教委在 1998 年更名为教育部。

以一系列制度和政策作为指导思想，学习型家庭建设就能把握方向，奋力前进。

二、学习型社会建设的经验探索

1972年，联合国《学会生存——教育世界的今天和明天》报告中提出终身教育理念。1995年，《中华人民共和国教育法》明确规定："国家适应社会主义市场经济发展和社会进步的需要，推进教育改革，促进各级各类教育协调发展，建立和完善终身教育体系。"1998年，《面向21世纪教育振兴行动计划》中提出"实施'现代远程教育工程'，形成开放式教育网络，构建终身学习体系"。2010年，《国家中长期教育改革和发展规划纲要（2010—2020年）》提出"到2020年，基本实现教育现代化，基本形成学习型社会"的战略目标。党的十六大以来，党的全国代表大会报告中均强调建设学习型社会、学习型政府、学习型企业、学习型城市、学习型家庭等各类学习型组织。

从理论探索方面来看，学者们做出了一定努力。在20世纪八九十年代，学习型社会的概念成为推动我国教育和社会改革的主要理念之一，21世纪以来，学习型社会理论开始影响人们生活的方方面面。我国较早探索学习型社会问题的著作如蔡棋瑞的《职工学习学》。随着实践的推进，又出现了如郝克明的《跨进学习社会——建设终身学习体系和学习型社会的研究》、吴遵民的《现代中国终身教育论》《现代终身学习论》以及学习型社会建设研究课题组编的《学习型社会建设的理论与实践——学习型社会建设研究子课题报告集》等。顾明远主编的《中国教育大百科全书》指出：学习型社会又译"学习化社会"或"教育化社会"，是以终身学习、终身教育体系和学习型社区为支柱和基础，通过对教育资源和学习资源的优化整合，保证社会中的每一个人具有终身学习机会，从而实现个体全面发展和社会可持续发展的理想社会。

从道路探索方面来看，1999年，经教育部批准，由中央广播电视大学牵头，全国电大系统共同参与，共同实施远程开放教育试点项目。该项目实行学分制，以促进大学开放，为学习者提供更多的学习机会。自

1999年上海市率先提出要在全国建设、建成学习型城市开始，我国建设学习型城市的工作就拉开了序幕。2001年11月，教育部召开了全国社区教育实验工作经验交流会议，确定了第一批28个社区教育实验区。开放大学、学习型城市和社区教育的构建，加快了我国学习型社会的发展步伐。目前，我国已经基本形成了“党委领导、政府推动、社会支持、全民参与”的学习型社会建设模式，不仅逐渐实现从依法治国、以德治国到以学治国的观念提升，而且带动全民学习的热情和期望。学习型社会是现代社会发展的一种特征，它由终生学习服务体系和各级各类学习型组织组成。学习型家庭是由家庭成员组成的学习型组织，可见，学习型社会建设为学习型家庭建设积累了经验。

三、多元文化资源的支持

文化可以不断给人类提供新的知识，提供可供人类选择的生活方式和社会制度，调适社会成员的行为方式和发展目标，并推动社会改革，维护新制度与社会秩序的稳定。文化也可以对价值观念、伦理规范和功能结构进行整合，避免价值观冲突，促使一般的社会规范成为公共的行为准则，并将社会组成单位系统内部的结构功能进行协调。物质文化和精神文化的发展，为学习型家庭的建设提供了多元文化资源的支持。

（一）物质文化层面

1. 随着社会经济发展，人民生活水平普遍提高

改革开放四十多年来，我国的发展取得了举世瞩目的成就，工农业、服务业持续发展，供给侧结构性改革得到有力推进，经济结构发生重大变革；生态环境明显好转，人民的幸福感明显增强；九年义务教育普遍施行，城乡教育资源的分配逐渐平衡；就业状况持续改善，脱贫攻坚战取得可喜进展；覆盖城乡居民的社会医疗保险体系建立，人民健康和医疗卫生水平大幅提高。在教育现代化的进程中，人们对优质教育资源的需求逐渐上升，对教育的投入逐渐增多，对家庭教育和学习型家庭的建设日益重视。

2. 图书馆、博物馆、科技馆等公共文化设施不断完善

为了更好地发挥图书馆的育人作用，各地广泛建设对外开放的图书馆、新华书店等。在农村，建设了农家书屋，不仅可以解决农村文化共享的问题，也为广大的农村家庭提供了阅读条件。在城市，部分新华书店设置英语角、学习角等公共空间，逐渐形成全民学习氛围。博物馆从收费到开放，由志愿者讲解历史文化，成为家庭旅游的优选地。图书馆、博物馆、科技馆等公共设施成为学习型家庭发展的物质基础。

3. 报纸、电视、计算机、手机等构成立体学习网络

随着科技的日益发达，移动技术渗透到人们生活的方方面面，教育方式也因此出现了巨大变化。目前，包括移动电话、智能手机、平板电脑和电子阅读设备等在内的移动技术硬件，不仅使教育信息量和知识量激增，而且改变了传统的教育过程。人们不再局限于固定和预定的时间和地点学习，学习变得非正式化、个人化和持续化。加上传统的报纸和电视，教育立体学习网络可以在学习型家庭建设中充分发挥作用，提高学习的效率和质量。

（二）精神文化层面

1. 习近平新时代中国特色社会主义思想

党的十九大报告把十八大以来党的理论创新成果概括为习近平新时代中国特色社会主义思想，实现了党的指导思想的又一次与时俱进。习近平新时代中国特色社会主义思想，是马克思主义中国化的最新成果，是党和人民实践经验和集体智慧的结晶。在2018年全国教育大会上，习近平指出，家庭是人生的第一所学校，家长是孩子的第一任老师，要给孩子讲好“人生第一课”。2019年3月，有全国人大代表在“两会”中提出将家庭教育立法、把家庭教育纳入基本公共服务体系，开发系统的家庭教育课程体系等建议。可见，家庭教育日益受到党和政府的重视。2021年1月20日，《中华人民共和国家庭教育法（草案）》提请审议，标志着国家通过立法夯实家庭教育的责任、推动家庭教育工作的发展。

2. 中华优秀传统文化资源

构建学习型家庭，可以从中华优秀传统文化中汲取有益资源，古为今用。在传统小农经济社会中，家国同构的思想促使人们十分注重家庭教育，家长会把自己对世界的看法、生活经验、治学方法、处世哲学、道德规范和治事准则等，毫无保留地传授给自己的后代，这就是家训。以《颜氏家训》为范，传统家庭教育积累了丰富的家庭教育方式和原则、内容和方法，如坚持以身作则、及早施教、严爱结合、趣味性和游戏性等教育原则，以仁义礼智信、为善、勤俭等作为主要家教内容，以因材施教、循序渐进、注重环境等作为主要方法。尤其在“耕读传家”家风影响下，书香世家和书香门第注重家庭成员的共同学习，营造了古代的学习型家庭文化。

第三节 “双减”之下学习型家庭的构建

2022年1月1日，《中华人民共和国家庭教育促进法》开始施行。这是一部促进未成年人全面健康成长的法律，明确规定家庭教育的根本任务是立德树人，在内容上突出家庭教育“以德为先”的鲜明特色。在“双减”新形势下发布的家庭教育促进法，理应成为全社会关注的话题。

一、“双减”概述

（一）“双减”的提出背景

“双减”指要有效减轻义务教育阶段学生过重作业负担和校外培训负担。

近年来，根据党中央、国务院决策部署，各地深入开展减轻义务教育阶段学生作业负担和校外培训负担（以下简称“双减”）工作，取得了积极成效。但现阶段义务教育最突出的问题之一还是中小学生负担太重，短视化、功利性问题没有根本解决。一方面是学生作业负担仍然较重，作业管理不够完善；另一方面是校外培训仍然过热，超前超标培训问题尚未根本解决，一些校外培训项目收费居高，资本过度涌入存在较大风险隐患，培训机构“退费难”“卷钱跑路”等违法违规行为时有发生。这些问题导致学生作业和校外培训负担过重，家长经济和精力负担过重，严重对冲了教育改革发展成果，社会反响强烈。党中央对此高度重视，中共中央办公厅、国务院办公厅于2021年7月印发了《关于进一步减轻义务教育阶段学生作业负担和校外培训负担的意见》（以下简称《意见》），站在实现中华民族伟大复兴的战略高度，对“双减”工作做出了重要决策部署，要求从政治高度来认识和对待，从体制机制入手深化改革，全面贯彻党的教育方针，落实立德树人根本任务，促进学生全面发展和健康成长。

（二）“双减”工作的总体目标任务

“双减”工作的总体目标分为两个方面。在校内方面，使学校教育教学质量和服务水平进一步提升，作业布置更加科学合理，学校课后服务基本满足学生需要，学生学习更好回归校园。在校外方面，使校外培训机构培训行为全面规范，学科类校外培训各种乱象基本消除，校外培训热度逐步降温。

从进程方面来看，一年内使学生过重作业负担和校外培训负担、家庭教育支出和家长相应精力负担有效减轻，三年内使各项负担显著减轻，教育质量进一步提高，人民群众教育满意度明显提升。

（三）“双减”工作的主要内容

1. 全面压减作业总量和时长，减轻学生过重作业负担

健全作业管理机制，合理调控作业结构，分类明确作业总量，提高作业设计质量，加强作业完成指导。不得要求学生自批自改作业，严禁给家长布置或变相布置作业，严禁要求家长检查、批改作业。

2. 提升学校课后服务水平，满足学生多样化需求

课后服务结束时间原则上不早于当地正常下班时间，学校可统筹安

排教师实行“弹性上下班制”。提高课后服务质量，增强课后服务的吸引力。拓展课后服务渠道，做强做优免费线上学习服务，积极创造条件组织优秀教师开展免费在线互动交流答疑工作。

3. 坚持从严治理，全面规范校外培训行为

各地不再审批新的面向义务教育阶段学生的学科类校外培训机构，现有学科类培训机构统一登记为非营利性机构。对原备案的线上学科类培训机构，改为审批制。学科类培训机构一律不得上市融资，严禁资本化运作。对非学科类培训机构，各地要分类制定标准、严格审批。规范培训服务行为，建立培训内容备案与监督制度，制定出台校外培训机构培训材料管理办法。校外培训机构不得占用国家法定节假日、休息日及寒暑假期组织学科类培训。强化常态运营监管，培训机构融资及收费应主要用于培训业务经营，坚决禁止不正当竞争，严禁聘请在境外的外籍人员开展培训活动。

4. 大力提升教育教学质量，确保学生在校内学足学好

促进义务教育优质均衡发展，充分激发办学活力，整体提升学校办学水平。提升课堂教学质量，严格按课程标准零起点教学，考试成绩呈现实行等级制。深化高中招生改革，逐步提高优质普通高中招生指标分配到区域内初中的比例，规范普通高中招生秩序。

5. 强化配套治理，提升支撑保障能力

保障学校课后服务条件，统筹核定编制，配足配齐教师，制定学校课后服务经费保障办法，确保经费筹措到位，课后服务经费主要用于参与课后服务教师和相关人员的补助。做好培训广告管控，确保主流媒体、新媒体、公共场所、居民区各类广告牌和网络平台等不刊登、不播发校外培训广告。

二、“双减”背后教育观念的变革

实施“双减”政策，不仅是对我国教育格局的重大调整，而且是对我国教育观念的变革。

（一）对公益属性的坚守

基础教育不是生意，而是国家必须提供的公共产品，不能让资本肆意横行。无论是学校教育，还是校外培训机构，都必须坚持教育的公益属性，不能把“良心的事业”变为“逐利的产业”，更不能成为一些人逐利的工具。[1]

从维护公平正义方面来讲，教育公平是社会公平的基石，教育不能成为奢侈品，更不能让优质教育成为少数有钱人的“专利”。

正因如此，习近平总书记强调，要坚持教育公益性原则，着力构建优质均衡的基本公共教育服务体系，建设高质量教育体系，办好人民满意的教育。

实施“双减”政策，是党和政府坚持教育事业公益性，着力降低家庭教育支出，制止逐利性教育行为，促进教育公平的重大举措。

（二）对教育观念的纠偏

我国中小学教育受到应试教育的严重干扰，带来了一系列教育观念的扭曲。实施“双减”政策，从本质上来说，是对一系列教育观念的纠偏。

第一，纠正育人初心之偏。教育的本质是立德树人，不是应试竞争的“跑马场”。要宣传教育引导全社会凝聚共识，尊重儿童的休息权、健康权，减轻学生过重的作业和校外培训负担，走出“短视化、功利化”教育的困境，从根本上守住儿童身心健康和人格健全的底线，否则，教育就失去了应有的意义和价值。

第二，纠正违规竞争之偏。不少地方、不少学校、不少家庭，为了在升学竞争中抢得先机，坚信所谓的“不让孩子输在起跑线上”，各种违法违规教育行为大行其道。如果这种受极端功利的应试教育驱动的各种违法违规办学行为得不到有效制止，整个教育就不可能走出内卷化的“剧场效应”和“囚徒困境”。实施“双减”政策，就是依法依规治

---

[1] 马云昊．双减政策落地强监管下教培行业吹落“风口”[J]．产品可靠性报告，2021（7）：19-23.

教，恢复和重建良好教育生态。

第三，纠正超前学习之偏。学校是专门的教育机构，承担着国家培养和教育下一代的公共职责，而校外教育则是学校教育的有益补充。遗憾的是，当下的校外教育俨然成为学校教育的另外一个实施主体。各种培训机构实施“超前学习”“超标学习”，成为赢得客户的不二法门。这种校外培训危害有三：增加学生学习负担，影响教师正常教学，危害学生的学习兴趣。校外教育培训机构这种超前教育严重恶化了教育生态。实施“双减”政策，从根本上规范校外培训机构的职能，构建学校教育与校外教育互相补充、协调育人的新格局。

第四，纠正负担过重之偏。由于短视化、功利化应试教育的驱动，中小学教育围绕升学考试科目，大量增加学生的上课、作业、考试和校外学科培训时间，导致学生的考试升学负担日益沉重，学生的学习生活日趋单调，既破坏了学生德智体美劳全面发展的教育生态，又严重影响了学生的身心健康和学习、生活质量。实施“双减”政策，要调整优化学生的学习和生活结构，既要做好减轻学生过重的作业和校外培训负担的“减法”，又要做好促进儿童全面发展、个性发展的“加法”。

（三）对教育规律再认识

功利化、短视化的中小学教育，相信“时间+汗水”，不尊重教育规律，不相信教育科学。实施“双减”政策，是对教育规律的回归。

第一，坚持全面发展规律。“减负”从根本上说，是要优化学生的成长环境，改变单一的应试教育局面，保障学生的德智体美劳全面发展，这本身既有利于学生的健康成长，也有利于提高学生的学业成绩。

第二，坚持身心和谐发展规律。现在，不少家长源于对孩子未来教育前景的不确定性，患上了严重的“教育焦虑症”，导致了中小学生的过度教育，其主要表现就是通过给孩子报各种各样的培训班，以增加对未来所谓优质教育追求的安全感。这种过度教育不仅违背教育规律、危害儿童的身心健康，而且以牺牲孩子的身心健康为代价。

三、“双减”下的家庭教育新使命

教育是一个系统工程，学校教育、社会教育和家庭教育既相互衔接、相互补充，又相对独立，共同为促进学生的全面发展服务。家庭教育作为一个独立的教育形态，具有自身的独立价值、独到使命和独特规律。

家庭是社会的基本细胞，是人生的第一所学校。不论时代发生多大变化，不论生活格局发生多大变化，我们都要重视家庭建设，注重家庭、注重家教、注重家风。因此，在培养人才的宏大工程中，必须树立大教育观念，将家庭教育、学校教育和社会教育结合起来，在发挥学校教育主阵地作用的同时，发挥家庭教育的独特优势，发挥家长在孩子教育中的特殊作用。

家庭是孩子的第一所学校。19世纪瑞士教育家裴斯塔洛齐说：“一切学校教育都应该以家庭教育为基础，家庭教育是人类一切教育最基本的形态。”家庭教育是培养人格、涵养人性的教育，它最终带来的是人生的幸福。家庭环境影响人的一生，家庭教育是关系社会未来发展进步的奠基性事业。

家长是孩子的第一任老师。《三字经》有云：养不教，父之过。这强调了家长对孩子教育的责任，家长不仅是孩子的第一任老师，而且是孩子的终身教师。教育好自己的孩子，是家长这辈子最重要的事业。家长应该成为孩子成长的榜样，应尽全力培养孩子强大的内心和良好的习惯。

家庭教育是孩子的第一门课程。自呱呱坠地到长大成人，孩子的一言一行都与家庭教育密不可分。《颜氏家训》中提道：“人生小幼，精神专利，长成已后，思虑散逸，固须早教，勿失机也。”良好的家庭教育能培养出一个国之栋梁，错误的家庭教育可能毁掉孩子的一生。家庭是社会的细胞，也是孩子成长和社会化的重要载体。因此，家庭教育不仅属于家庭，而且属于社会。一个家教良好的孩子，走向社会自然会获得社会的认可，反之，可能会不适应社会。

家风是孩子的第一种文化。家风即“门风”，其核心是家庭的价值观，具有强大的育人功能，是影响孩子成长的第一文化氛围。中华民族自古就有“修身、齐家、治国、平天下”的家国情怀。家风反映民风，影响社风，是文化传承的一种体现和反映。只有每个家庭构建良好的家风，社会风气才有坚实的基础，家长的望子成龙梦、国家的民族复兴梦才有实现的可靠保证。

“双减”下的家庭教育，任重而道远，需要政府指导、社会参与、家长主导，需要重新认识家长对孩子教育的不可替代作用，在教育观念上要从传统的家长“天职论”转变到家长“首要价值论”和“第一价值论”上来。为人父母，不仅要扣好孩子衣服的第一粒扣子，而且要“扣好孩子人生的第一粒扣子”，真正体现家长对孩子教育的独特作用和为孩子幸福人生奠基的重要价值。

四、“双减”之下学习型家庭的构建策略

（一）加强学校对家庭的教育指导

“双减”政策提出的“发挥学校主体作用，健全保障政策，明确家校社协同责任”和“完善家校社协同机制”等要求，以及“双减”政策实施后学生和家长出现的暂时性迷惘状况，进一步强化了学校开展家庭教育指导的必要性和迫切性。

1.“双减”之下学校对家庭教育指导的定位

“双减”之下学校对家庭教育的指导是构建良好教育生态的需要，是促进教育高质量发展的需要。其目标在于缓解家长的焦虑与不适，深入建构家校协同育人机制，切实减轻学生课业负担，促进学生健康全面发展。

（1）引导家长有效建立“双减”的价值共识

“双减”工作要得到家长的广泛认同和支持，不仅需要政府部门的大力宣传，还要借助学校对家庭的教育指导，持续地对家长进行具体化、有针对性的价值引领。学校要通过家庭教育指导，帮助家长对“双减”的目的、价值、措施等形成积极认同，帮助家长了解学校“双减”

实践的合理性和有效性，及时向家长反馈“双减”后学生发展的增值情况，为家长落实“双减”提供专业支持与心理支持。

（2）引导家长主动落实“双减”的教育行动

“双减”之下学校对家庭教育的指导，必须促成家长的“四个行动”。一是“减”，即积极配合学校全面落实减轻学生作业负担和校外培训负担。二是“保”，即保证履行基本的家庭教育职责，按照《中华人民共和国家庭教育促进法》和“双减”政策要求，积极实施道德品质、身体素质、生活技能、文化修养、行为习惯的培育，促进孩子全面而个性的发展。三是“增”，即增强全面育儿水平、亲子沟通能力和孩子闲暇教育能力，有效引导孩子自觉管好时间，积极参加家庭劳动、体育锻炼、阅读与文艺活动等，过好有意义的闲暇生活，培育高品位的生活情趣，防止孩子形成沉迷网络等不良嗜好。四是“改”，即改变教育观念，从培育担当民族复兴重任的时代新人的角度出发，认清孩子现实状况与未来发展需求，树立全面发展观、主体育人观，杜绝家庭教育的功利性追求，切实担负起育人的社会责任和家庭责任。

（3）引导家长适度介入“双减”的学校治理

据共青团中央和中国青年报社针对“全国义务教育阶段学生家长对‘双减’政策态度”的调查显示，“双减”之后，家长的焦虑仍然存在。家长的担忧主要表现为“我减别人不减，将会让孩子输在起跑线”“减了，学校没法保证学业质量”“减后，孩子闲暇增多，担心孩子无所事事，影响发展”等。这些担忧与顾虑，有可能使家长过度介入学校的“双减”治理实践，在舆论和行动上干预和阻挠学校的行动。因此，学校要积极关注和理性分析家长对“双减”的诉求，努力引领和满足家长的合理诉求，并通过家庭教育指导，让家长适度介入学校治理，优化家校协同育人生态。

2.“双减”之下学校对家庭教育指导的重点

“双减”之下学校对家庭教育的指导要积极强化科学的家庭教育价值观的形成，大力提升家长的主体性教育能力，注重发展家长的家庭教育策划水平。

（1）指导家长形成科学的教育观念

更新家长教育观念是家庭教育指导的先导性问题。“双减”政策强调要引导家长树立科学育儿观念，理性确定孩子成长预期，努力形成减负共识。形成科学的教育观念是“双减”落地的前提，教育观念不变，“双减”难有实质性进展。“双减”之下学校对家庭教育的指导要聚焦家长“三个观念”的转化。一是从现实危害性出发，指导家长“从育分到育人”的转化。学校要从片面看重学业成绩给孩子身心发展带来不良后果、给家庭带来沉重负担和焦虑、给社会发展带来不利影响等方面，指导家长积极转变“分数唯一”“学习至上”的观念，树立德智体美劳全面发展的育人观，让孩子身心健康发展、充分发展，注重孩子的个性发展、特色发展。二是从社会发展性出发，指导家长“从学识到素养”的转化。学校要从全球化和信息化发展要求以及从知识本位到核心素养本位的教育改革要求出发，向家长阐明未来社会发展将致力于公民素养的提升，家长不仅要注重孩子学识的提升，还要注重孩子的创新能力、批判思维、合作与交流、信息素养、自我管理能力等素养的培养，在发展学识的基础上注重发展孩子的勇敢、仁慈、正义、节制等积极品质，使孩子拥有“聪明的脑、温暖的心”。三是从个体现实性出发，指导家长“从单一到多元”的转化。学校要引导家长立足于孩子的发展实际，客观看待孩子的差异与优势，对孩子发展形成适度期待和合理定位，夯实“培育身心健全、幸福快乐的人”的思想基础，克服“成名成家才是出路”的单一人才观，树立多层次、多样化的人才观，形成“人人有才，皆可成才”的家庭育人生态。

（2）指导家长提升主体性教育能力

主体性教育是指教育者唤起受教育者的主体意识，培育受教育者作为发展主体的意识和能力（即主体性，包括能动性、自主性和创造性等多方面）。提高家长的主体性教育能力，有利于达成“教是为了不要教”“管是为了不要管”的境界。“双减”之后，学生闲暇时间增多，亲子互动增多，家庭教育要求增多，如“双减”政策对孩子提出了从事力所能及的家务劳动，开展适宜的体育锻炼，开展阅读和文艺活动等方面的要求。倘若家长无视孩子的主体性，不把孩子作为家庭教育与家庭活动的主体，仍旧以说教、管制、命令、监督等方式对待孩子，就有可能出现亲子冲突加剧、孩子出现心理问题等不良后果。因此，帮助家长发展主体性教育能力是“双减”之下学校对家庭教育的指导的关键，学校要指导家长学会引导孩子能动、自主、创造性地学习和成长。

家长主体性教育能力提升的重点在于三个方面。一是学会摒弃过度管理孩子的学习。学校要指导家长避免过度关注孩子的学习，认识到“学习是孩子的主要活动，但不是唯一的活动”，要给孩子留出自主学习的时间、自主活动的空间，让孩子拥有充分的心理自由，避免管得太周全，尤其不能随意占用孩子的休息时间、增加孩子的学习内容，使孩子丧失学习自主性、能动性。二是学会谋划孩子的能动发展。学校要指导家长通过家务劳动、体育锻炼、文艺活动、家庭阅读等活动，让孩子有效学会自主选择活动、确定发展目标、管住自己的行为、管好自己的时间、反思自己的得失，积极强化孩子的发展责任、发展兴趣、发展目标，促进孩子自主学习、主动发展。三是努力克服“保姆式”管教。学校要让家长摒弃“我讲一你听”“我说一你做”的“保姆式”管教方式，指导家长学会放权，以具体的活动为载体，采用“目标一设计一活动一反馈”的管教模式，促进孩子的自我管理、自我教育，让孩子参与到家庭事务管理中来。

（3）指导家长发展教育策划能力

教育策划是家长为孩子自主发展所进行的教育构想和方案设计。“双减”之下，孩子发展的时间增多、空间扩大、机会增加，对孩子进行个性化教育成为必然。这对家长学会规划孩子的成长、学会策划家庭教育活动提出了现实需求。提升家长的教育策划能力，有助于家长立足长远来谋划孩子的发展，有效保障孩子的个性化发展、创新家庭教育内容、丰富家庭教育策略、防范家庭教育风险。

家长教育策划能力的发展要抓住几个关键。一是学会指导孩子做好自我发展规划。学校要指导家长围绕“社会形势发展分析一孩子发展实际评估一孩子发展优势挖掘一发展目标理性确定一发展路径策略选择一发展条件组织保障”的思路，通过活动与教育，积极激发孩子谋划自我发展的愿望与愿景，科学引导孩子做好自我发展规划，并为孩子的发展提供必要的帮助与支持。当孩子自我发展面临困惑与困难时，要给予及时的关注与心理支持，提供策略帮助；当孩子面临发展抉择时，要指导孩子遵循利益最大化的原则做出明智的决定，促成孩子的最优发展。二是学会做好家庭活动的策划。“双减”之后，学生家庭活动增多，家长要注重提升家庭活动的策划水平，以增强活动的丰富性和有效性。学校要指导家长学会按照“分析孩子需求—选择活动项目—明晰活动目标—精选活动内容—设计活动流程—优化活动方式—论证活动成效”的流程来策划家庭活动，确保孩子参与家庭活动的积极性和活动的价值性。

3.“双减”之下学校对家庭教育指导的发展取向

“双减”之下学校对家庭教育的指导地位和作用日益凸显，但当前学校对家庭教育的指导总体还处于“粗放”状态：组织管理缺乏规范性、指导目标趋向升学化、指导内容零散碎片化、指导方式忽视主体性和针对性、指导水平有待专业化。要发挥学校对家庭教育指导的强力作用，学校要积极推进家庭教育指导的规范化、专业化、个性化建设。

（1）走向规范化

规范化建设，有利于“双减”之下学校对家庭教育指导的持续开展，有利于学校指导水平的稳定提升。一要强化家庭教育指导的计划性。学校要将家庭教育指导作为学校工作的重要任务，纳入学校工作计划，每学期面向全体家长至少组织一次家庭教育指导和一次家庭教育实践活动，同时，确保家庭教育指导主题鲜明、目的明确、内容丰富、方式多样、成效凸显。另外，还要通过家访、咨询、答疑等方式，适时组织特殊学生、个别学生的家庭教育指导。二要强化家庭教育指导的制度化。学校要根据学校实际，以家长学校建设为主要载体，从指导者、指导内容、组织管理、指导评价等方面，通过加强“家庭教育指导规程”“家长学习制度”“教师家访制度”“特殊类型学生的家庭教育指导要领”等方面制度的建设，强化学校对家庭教育指导的规范性。三要强化家庭教育与学校教育的协同性。学校要创新家校协同育人机制，推进协同育人共同体建设，使学校的家庭教育指导变家长从属为“学校主导、家长主体”，变学校单向指导为学校与家庭双向互动，变从学校实际出发为立足家庭教育需求，更好地发挥家校协同育人的作用。

（2）走向专业化

专业性建设，有利于学校家庭教育指导的科学发展、有效发展。一是加强指导队伍的专业化建设。建设一支稳定、专业水准高的指导队伍是学校开展家庭教育指导的根基。指导队伍建设要以校内为主、校外为辅，其人员主要由教育理论功底好、家庭教育经验丰富的教师，以及具有成功家庭教育经验的家长组成。学校要通过家庭教育培训、示范指导、家庭教育研究等方式，让指导者熟悉家庭教育理论、把握家庭教育方向、分析家庭教育中的新问题、掌握科学的家庭教育方法和有效的家庭教育指导策略，不断提升他们的家庭教育指导水平。二是加强指导内容的专业化建设。“双减”之下学校对家庭教育的指导内容要走向专业化，要以教育部等九部门颁布的《全国家庭教育指导大纲（修订）》为依据，以亲职子职教育、亲子关系教育、家庭教育理念与技能教育、生活指导教育为“经”，以学生年级为“纬”，由低到高，螺旋上升，形成科学化、系统化、规范化、相对稳定的家庭教育指导内容体系，克服指导内容的脱节、重复、倒挂；同时，还要结合学校实际建立家庭教育通识指导、拓展指导和个性化指导，以满足不同家庭教育的需求。三是加强指导方式的专业化建设。科学有效的家庭教育指导必须是实践取向的指导，要聚焦并服务于家庭真实、鲜活的教育实践，让家长在体验、质疑、反思、行动中，掌握家庭教育理论与策略，解决家庭教育问题，提升家庭教育能力。因此，学校要积极克服“我讲—你听”的家庭教育指导方式，注重采用实例指导、案例指导、问题指导、体验指导、研讨式指导、参与式指导等方式，引导家长盘活经验、改造经验，做到不仅“知道”，而且能“做到”。

（3）走向个性化

个性化建设，有利于“双减”之下学校对家庭教育的指导切合实际、特色发展，积极促进孩子个性发展。一是开展校本家庭教育指导。学校要立足自身实际，筛选和聚焦本校学生家庭教育主要需求与关键问题，从指导目标、指导内容、指导形式、指导评价等方面，引导全体教师、家长、学生积极提出意见、参与讨论，对本校学生的家庭教育问题达成共识，并发展一套全校师生和家长认可的家庭教育指导方案或指导体系，指导本校学生家庭教育沿着积极方向发展。校本家庭教育指导，可从目标（从办学目标出发）、条件（从学校条件出发）、需求（从学生发展需求出发）等维度，构建科学的指导体系，提升指导的有效性。二是开展“积极家庭教育指导”。“积极家庭教育指导”就是借鉴积极心理学和积极教育理论，指导家长善于利用孩子的优势来促进孩子的个性发展。“积极家庭教育指导”，不仅要指导家长如何避免和解决孩子发展的问题，而且要指导家长注重挖掘和培育孩子的潜能与力量。学校要指导家长树立“天生其人必有才，天生其材必有用”的积极儿童观，以孩子外显和潜在的积极力量为出发点，为孩子创设多样的发展机会，增强孩子的积极体验，发展孩子的积极品质，从而促进孩子全面又富有个性的发展。

（二）建设学习型家庭机制

教育机制指教育活动的构成要素及其相互作用，是教育的动态结构。学习型家庭作为一种动态的学习组织，需要有自己的机制。

1. 建设学习型家庭成员的认同机制

家庭成员是否对学习型家庭存在认同感是学习型家庭能否取得成效的根本标准。从心理学角度来讲，认同是个体或群体在感情上、心理上趋同的过程；从社会学角度来说，认同是社会成员共同具有的信仰和感情的集中体现，本质上是一种集体观念。在学习型家庭建设中，培养家庭成员的认同感是应对多元文化挑战的要求，是帮助家庭激励共学和个学结合、树立家庭学习目标的迫切要求。

为此，一是要重视终身学习理念的宣传。终身学习理念的主旨就是让青少年、成年人和老年人明确一个道理：在社会不断发展的过程中，仅仅依靠原有的知识积累无法很好地生活和工作，要树立终身学习、持续学习的观念。二是要尊重家庭成员的价值认同规律，坚持尊重差异、包容多样。在多元的文化环境中，青少年喜欢追星、打游戏、过“洋节”，成年人喜欢把精力集中在事业上，老年人喜欢旅游和锻炼，学习型家庭要尊重每一位家庭成员的兴趣、爱好。三是要创新学习渠道，加强实践环节。社会实践是增强家庭成员认同感的有效途径。通过组织家庭成员参加社区培训、社会调查，让家庭成员体会学习型家庭的文化，充实他们的精神生活，激发他们的学习动力。同时，重视收集学习型家庭案例，对于符合学习型家庭称号的家庭，可以由学校、社区和相关部门牵头，开展讲座、报告，分享学习型家庭构建经验，以激励其他家庭构建学习型家庭。

2. 建设学习型家庭的载体整合机制

载体承载和传递着价值信息，是联系主客体的一种物质存在方式和外在表现形态。学习型家庭载体的本质特征有四个。一是承载性。学习型家庭载体的主要功能是承载学习型家庭信息。二是中介性。学习型家庭载体是家庭成员联系的中介。在学习型家庭中，家庭成员通过载体交流思想、观点和看法，将个体意识转化为家庭共识。三是可控制性。学习型家庭载体可以被家庭成员控制，这是其突出表现。学习型家庭的学习是有目的、有计划、有组织的活动，这就决定了学习载体的可操作性。四是客观性。学习型家庭载体是家庭学习信息的一种物质存在方式和外在表现形态。家庭学习信息包括政治意识、思想观念和道德规范，只有通过物质基础表现出来，才能使学习型家庭建设由设想变成现实。

目前，我国学习型家庭载体基本形态包括：青少年教育、家庭文化、新兴传媒和交往活动。目前存在的问题是：青少年的学业压力过大；中年人忙于事业无暇学习；老年人热衷锻炼无心学习；学习型家庭内容缺乏说服力；载体之间没能优势互补。基于载体使用现状，整合学习型家庭载体的途径包括：家庭积极和学校、社区建立联系，共同帮助青少年健康成长；丰富家庭学习文化，制定家庭读书日和亲子阅读计划；发挥新兴传媒的积极作用，建立家庭QQ群与微信群、家长群；拓展活动载体，制作家庭学习角，张贴名人语录，订阅学习期刊。

3. 建设学习型家庭方法创新机制

学习型家庭方法创新，有助于家庭教育的实施，有助于家庭成员的进步和成功，有助于拓宽学习型建设新局面。为了创新方法，要遵循以人为本原则：建设学习型家庭过程中要尊重人、关心人、开发人，以家庭成员的现实需要和发展需求为关键点，拓展新思路，开发新方法。对于孩子，要抓住其个性特征，关注其内心世界，因材施教；对于家长，要考察其家庭特征和孩子的差异，有针对性地进行培训。遵循实事求是原则：尊重每个家庭和孩子的差异性，根据不同对象采取不同措施，具体问题具体分析。遵循言传身教原则：家长要在家庭中践行终身学习观念，制订学习计划，安排学习时间，不断提高自身综合素质。继承和借鉴原则：继承古代书香世家和书香门第的家庭教育方法，发扬尊老爱幼、自强不息等传统家风；借鉴线上线下、社区内外的学习型家庭案例，不断探索普遍适用的构建学习型家庭的方法。

4. 建设学习型家庭环境优化机制

学习型家庭环境包括自然环境和社会环境。自然环境如地理位置、气候条件、自然景观和“人化自然”等；社会环境包括经济因素、政治因素、文化因素和生态因素等。因为人的成长离不开环境，环境以“润物细无声”的形式对人产生潜移默化的渐染作用，所以优化学习型家庭环境十分重要。为此，可以依靠政府和社会力量，创造良好的物质环境；从每个家庭出发，提高家庭成员的素质和道德水平，建立良好的家风，改进家庭教育的方式方法；创造良好的学习氛围，维持家庭的团结和睦，增强家庭成员之间的沟通与交流；加强学习型社区建设，净化社区的社会风气，树立终生学习的文明新风。

（三）建立社会支持系统

学习型家庭的创建是一项系统工程，不仅需要家庭自身的不断努力，也需要社会各方面的积极支持。学习型家庭的创建，其社会支持系统主要包括以下三个方面。

1. 政府政策的支持

在学习型家庭的创建中，政府应发挥政策导向作用，加强政策建设，为学习型家庭的创建营造健康稳定、有序发展的社会条件。

我国自20世纪90年代中期以来相继出台了一些法规、政策，如1995年颁布的《中华人民共和国教育法》明确提出“推进教育改革，促进各级各类教育协调发展，建立和完善终身教育体系”；1998年出台的《面向21世纪教育振兴行动计划》提出，到2010年，要在我国基本建立起终身学习体系；此外，如《家长教育行为规范》《公民道德建设实施纲要》《全国家庭教育指导大纲》《中华人民共和国家庭教育促进法》等法律法规、文件的颁布都有力地推动了学习型家庭的创建。[1]

2. 社区的作用

社区对人类生活以及人类自身的发展有着深刻的影响，它是人们学习做人做事、进行社会交往，从而认识世界和改造世界的地方。社区的各种联系和活动对每一个社区成员，尤其是青少年的人生观、世界观和价值观的形成，以及人格的成长，都有着重要影响。在社会转型时期，当人们逐渐实现从“单位人”向“社会人”转变后，社区的作用日益被认识和接纳。在创建学习型家庭的过程中，社区所扮演的角色有其不可替代的独特的作用。学习型家庭的创建需要学习化社区的支持。学习化社区之所以能够推动学习型家庭的建设，首先在于学习化社区是一种环境、一种氛围、一种文化。这种文化既体现了社区成员对提高生活质量的需求，也反映了时代的潮流和现代知识经济社会的特点；这种文化是一种道德文化、家庭文化、校园文化和企业文化的融合体。其次在于社区文化蕴涵有丰富的资源，如政治资源、文化艺术科学资源、德育资源，此外如社区教育也是重要的资源。

3. 学校教育的指导与合作

在创建学习型家庭的过程中，学校教育有必要参与到家庭教育的指

[1] 叶强. 论家庭教育的政府责任及其立法规范［J］. 湖南师范大学教育科学学报，2020（1）：32-38.

导中来，因为要让素质教育走进千家万户，要让家长教育观念和教育行为与学校素质教育同步，就必须激发家长的学习动机，提高家长的学习能力，调动家长参与创建学习型家庭的积极性，使家长从被动应付转向积极参与，真正成为创建学习型家庭的主体。学校教育有提供家庭教育指导的条件与优势。因为学校作为专门的教育场所，在观念、内容、方式方法、人员、设备、场地等方面拥有十分明显的优势，这是学校教育发挥指导作用的重要条件。

（四）创设“阅读体验园”

“双减”以前，孩子们因为课业负担过重，鲜有自由阅读时间。“双减”之后，如何营造家庭读书氛围，激发孩子阅读兴趣，并帮助他们逐步养成独立阅读习惯，从而搭建起家庭小书房与城市大图书馆之间的桥梁，是家庭教育智慧的重要体现，也是构建学习型家庭的重要策略。[1]

1. 营造家庭“亲子共读”的阅读环境

《颜氏家训·教子篇》提出“教妇初来，教儿婴孩”，家庭阅读氛围的营造也宜早不宜迟。家长是孩子成长的一面“镜子”，经常有意无意在孩子面前朗诵经典诗文、闲暇时读书看报、讨论读书心得等，足以在潜移默化间影响孩子的行为。

2. 建设家庭“袖珍图书阅览室”

家长可以和孩子一起美化书房，包括科学配置书柜，精心挑选图书，设计图书种类分类（如“我与国学”“我与童话”“我与健康”“我与生活”“我与科学”“我与旅游”“我与世界”等），做好图书编号登记建卡，坚持做读书笔记记录每日阅读心得。

3. 创设阅读的仪式感

古人读书时追求仪式感“焚香沐浴”，在现代我们可以引导孩子“净静笔书”，“净”指要保持书房的整洁干净；“静”指减少干扰，保持自我的清心沉静；“笔”指善用笔墨，不动笔墨不读书；“书”在

[1] 周克祥，肖碧芳.“双减”后时代，建设家庭教育的新范式[J]. 全视界，2021（10）：45-48.

这里指书写，比如勾画圈点、批注摘抄、写阅读心得等。

（五）创设“游戏体验园”

孩子在哪里，教育就在哪里。实行“双减”后，家长和孩子相聚于客厅的时间增多，将客厅变为孩子的另一个学习场所，是构建学习型家庭的又一选择。

1. 优雅共情的“雅之堂”

不要仅仅把客厅当成看电视、玩手机的“电子产品娱乐区”，也不要将之变成大人聊闲事、侃八卦的“吃瓜群众堆”，更不要把它搞成玩麻将、斗地主的“社交娱乐圈”，而要努力把客厅建设成优雅共情的“雅之堂”。

2. 庄重加持的“仪式站”

从古至今，中国人向来十分注重“仪式感”。在一个家庭之中，家庭仪式感的营造能够增进感情、促进沟通、增强幸福体验。比如，在传统佳节、孩子毕业仪式和成人典礼、家人获得荣誉大奖、学习事业取得进步等时刻，都值得设置仪式典礼。事实证明，有仪式感的孩子在很多方面都比同龄人显得更幸福、更优秀。

3. 互动合作的“游戏厅”

游戏精神就是儿童精神，童年的生活就是游戏的生活。此处的游戏并不是指玩手机、打网游等，而是指一种有利于儿童学习、成长、生活的健康的娱乐方式，诸如听讲故事、角色扮演、搭建积木、编唱童谣、捉迷藏、猜谜语等。家长尽可能抽出时间，主动参与孩子的游戏活动中，也是教育陪伴的重要体现，除了陪孩子下棋，搭建小城堡，玩脑筋急转弯、头脑风暴等益智游戏，还可以和孩子一起开发新游戏，如设计“狼外婆来了”情景剧，“路上碰到坏人”“假如家里起火了”一类应急演练，真正将客厅打造为孩子成长的游戏乐园。

4. 链接家外的“图书馆”

家长要善于引领孩子从家里小客厅走向社会的“大客厅”，去探索科技馆的宇宙奥秘，去触摸海洋馆的奇异世界，去红色纪念馆重温革命先烈的故事……孩子生活的边界，便是课程的边界，从家庭小角落到社会大天地，既是亲情的递进，也是课程的纵深和教育的延续。

（六）创设“劳动体验园”

“双减”政策落地以前，由于“421”家庭模式以及过重的课业负担，学生在体力劳动方面被边缘化，几乎一切家务劳动被长辈代劳。劳动教育的缺失，造成大量学生不会劳动、轻视劳动，甚至不珍惜劳动成果。“双减”政策的落地，为孩子的劳动教育提供了时间保障。

1. 劳动教育始于家庭

中共中央、国务院在《关于全面加强新时代大中小学劳动教育的意见》（以下简称《意见》）中指出：“家庭要发挥在劳动教育中的基础作月。注重抓住衣食住行等日常生活中的劳动实践机会，鼓励孩子自觉参与、自己动手，随时随地、坚持不懈地进行劳动，掌握洗衣做饭等必要的家务劳动技能，每年有针对性地学会1至2项生活技能。”家庭是对孩子进行劳动教育的第一基地，家长首先要舍弃“不舍得”的“心疼”思想，要放心让孩子去实践；其次不要把不良的劳动观念甚至劳动偏见传递给孩子。比如，“不好好读书就去种田”“扫大街的都是成绩不好的”等贬低劳动的言辞，作业做不好就惩罚做家务、洗一次碗奖励10元钱等功利思想，在日常生活中都是有害无益的。

2. 家务劳动始于卧室

家务劳动当以孩子的自住卧室为起点，要求孩子收拾打扫房间、叠齐被盖、整理衣物、摆放物品，保持房间整洁。同时引导他们养成自我修饰、自我装扮的好习惯，从小培养他们阳光自信的气质。

3. 用好主战场——厨房

《意见》指出，鼓励孩子“掌握洗衣做饭等必要的家务劳动技能”，由此可见，父母亲应把对孩子开展家务劳动教育的主战场摆在家庭厨房。根据孩子的年龄特点及动手能力，先从培养孩子主动拿碗取筷、端茶递水、剥蒜理葱等小技巧开始，然后升格成为厨房的“小帮厨”，再通过一段时间的实践，让孩子学会煮饭以及做几个简单的菜品，最后慢慢给孩子提供在传统节日或者家有来客时实习当主厨的机会，让孩子充分体验到劳动创造幸福的满足感。

（七）创设“运动体验园”

在培育孩子的体育意识上，家庭体育具有不可替代的作用。家庭体育以家庭成员为主要对象，以家居环境和住所条件为基础，根据家人的兴趣和个性选择和配置运动与健身方式。

1. 家庭体育是“特殊的体育”

家庭体育的特殊性首先在于环境的特殊，受场所及邻里关系的制约，需要在场地的选择、器械的配置、运动的项目、对邻居有无干扰等方面综合考量；其次在于“教练”的特殊，教师主要是家长，因而家长在时间规划、内容安排、技巧指导等方面要提前做足功课；再次体现在关系的特殊上，家长对孩子兴趣点的探索、心理期待的预判、耐心持久力的培养要做好及时沟通，表现足够的关爱与尊重；最后体现在内容与实施的灵活性，家庭体育运动项目适宜选择比较固定、相对安静的项目，比如仰卧起坐、引体向上、健身体操、跑步机跑步等项目，具体根据孩子年龄大小、身体状况、时间早晚而定。

2. 打开家庭通向社会的“运动走廊”

陪同孩子走向户外，走进体育公园、体育场馆、奥林匹克运动中心甚至野外，带上乒乓球拍、网球拍或者篮球足球，以及野外帐篷及运动器具等，针对自己孩子性别和年龄特点，分别选择重点运动项目。适合小孩子的运动项目很多，比如游泳，越早开始越好，还有篮球、排球，跳绳、舞蹈、登山、戏水等，都有助于他们个子长高和体质增强，因此都可以让孩子尝试和锻炼。还可以利用节假日，在充分保障安全的前提下，带孩子去野外挑战，训练其野外适应能力和生存能力。

参考文献

[1]王海燕.学前教育学[M].北京：中国轻工业出版社，2017.
[2]费孝通.生育制度[M]天津：天津人民出版社，1981.
[3]冻桂生.教育原理[M].上海：华东师范大学出版社，2000.
[4]关颖.家庭教育指导者培训教程[M].天津：天津社会科学院出版社，2018.
[5]鲁洁.教育社会学[M].北京：人民教有出版社，1990.
[6]丁俊兰.现代家庭教育的理论及发展展望[M].昆明：云南美术出版社，2018.
[7]潘士君.当代家庭教育[M].沈阳：东北大学出版社，2016.
[8]王子恩，张正贤.幼儿园社会教育活动及设计[M].长春：东北师范大学出版社，2019.
[9]郑福明，骆风.学前儿童家庭教育[M].北京：教育科学出版社，2017.
[10]孟育群.亲子携手，走出成长困境写给初中生家长[M].北京：教育科学出版社，2013.
[11]李艳，李家成，李燕，等.以亲子作业促成家长的发展——基于对上海某外来务工随迁子女学校的研究[J].班主任之友，2016（11）：14-19.
[12]朱桃英.对家庭劳动教育中存在问题的调查及思考[J].当代教育科学，2003（17）：23-27.
[13]柴荣河.当前隔代教育问题探析[J].特别健康，2021（13）：107.

[14]赵忠心.我国现代家庭教育的发展与演变[J].中华家教，2021：54-61.
[15]周克祥，肖碧芳.“双减”后时代，建设家庭教育的新范式[J].全视界，2021（10）：45-48.
[16]缪剑峰.“双减”之下的学校家庭教育指导：定位，重点与发展取向[J].福建教育，2022（1）：3.
[17]谢先军.“双减”下的家庭教育新使命[J].湖北教育，2021（36）：1.
[18]谭林，张明丽.浅议现代家庭教育的缺失与对策[J].成都纺织高等专科学校学报，2011（1）：60-64.
[19]陈香帆.《颜氏家训》对现代家庭教育的启示与思考[J].延边教育学院学报，2021，35（2）：3.
[20]甘剑梅.现代家庭教育中父职的缺失及其应对[J].幼儿教育，2021（32）：3.
[21]谈松华.对现代家庭教育的几点思考[J].中华家教，2021（1）：4.
[22]石军.推进现代家庭教育治理，促进家庭教育长效发展[J].教育科学论坛，2020（29）：1.
[23]马建欣.现代家庭教育问题及成因[J].甘肃高师学报，2020，25（3）：5.
[24]刘珍.现代家庭教育的现状和对策[J].当代家庭教育，2020（36）：2.
[25]缪剑峰.家庭教育现代化：内涵、核心与实现路径[J].福建教育，2020（31）：3.
[26]周洁.家庭教育应重视亲子阅读[J].当代家庭教育，2020（36）：2.
[27]赵立军.学校教育和家庭教育相互配合提高学生的素养[J].家长，2020（11）：2.
[28]张旭.家庭教育中3—6岁儿童权利保障的思考[J].课程教育研究，2020（34）：2.
[29]刘文华.刍议新媒体时代家庭教育中的问题及对策[J].新课程（教研版），2020（2）：36-37.
[30]郭雯.新时代家庭教育的重要性[J].成长，2020（6）：2.

[31]郭磊.浅谈现代儿童家庭教育中存在的问题及应对方式[J].黑龙江科技信息，2010（32）：170.
[32]陈佳蕾.浅析农村家庭教育存在的问题及解决对策[J].女人坊，2021（6）：1.
[33]李双静.从心理学角度谈家庭教育因素对未成年人成长的影响[J].女人坊，2020（10）：1.
[34]张美云.教育现代化视角下中小学校家庭教育指导的新取向[J].福建教育学院学报，2021：11-16.
[35]夏静.家庭教育对幼儿教育的影响及促进策略[J].明日，2021（13）：2.
[36]田友谊，韩雪童.现代化视角下家庭教育本质的异化与复归[J].天津市教科院学报，2020（6）：6.
[37]董梦玉.家庭教育对学生成长的影响探讨[J].现代商贸工业，2021，42（27）：2.
[38]林佳.小学家校共育创建学习型家庭策略初探[J].今天，2021（1）：1.
[39]乔旺峰.推动学习型家庭建设提高家庭教育水平探赜[J].成才之路，2020（8）：2.
[40]胡宗国，徐永琼.构建书香家庭倡导全民阅读——学习型家庭典型案例[J].教师，2015（32）：34.

后　记

行文至此，本书的写作工作已接近尾声，笔者颇有不舍之情。但一想到本书的出版能够为现代家庭教育理论与实践的研究贡献一分力量，笔者便颇感欣慰。

“家庭是孩子的第一所学校，家长是孩子的第一任老师”，这是人们对家庭及家庭教育重要性的最通俗的理解。与社会教育相比，家庭教育担负着促进个体初级社会化的功能；与学校教育相比，家庭教育在促进个体的成长与发展方面具有更大优势，可见，家庭教育具有不可替代的作用。

现代教育理念不断深入人心，每一个家长都必须告别传统的简单粗暴的家庭教育方式，学会无条件地接纳自己的孩子，在宽容中塑造孩子良好的道德品质，在信任中建立和孩子的亲密关系，在尊重中架起与孩子心灵沟通的桥梁，在赏识中促进孩子个性的发展。基于此，笔者在撰写本书的过程中，通过大量的材料收集与理论辅佐，对本书进行了整体的框架探讨，并在保证本书内容丰富的基础上展开了层层论述。笔者在撰写本书的过程中尽力做到条理清晰，理论与事实材料列举充分，方便读者阅读学习。

笔者在撰写过程中得到了同事和家人的大力支持和帮助，在此表示诚挚的谢意。同时，笔者在撰写本书的过程中参阅和引用了大量相关的文献资料，在此对其作者表示深深的感谢！

魏海安

2022年3月